궁금했어,
생명과학

궁금했어,
생명과학

윤상석 글 | 김민정 그림

나무생각

차례

1장
생명이란 무엇일까? 7

생물과 무생물 9
생명체를 만드는 물질 17
생명체의 특징 24
/ 궁금 pick / 세포는 어떤 모습일까? 30

2장
지구에는 어떤 생물들이 있을까? 33

생물의 분류 체계를 만든 사람들 35
생물의 분류 체계 40
식물과 동물의 분류 45
/ 궁금 pick / 정온 동물과 변온 동물은 어떻게 다를까? 54

3장
생명은 어떻게 시작되고 발전해 왔을까? 57

생명의 시작 59
최초의 생명체 70
/ 궁금 pick / 화석은 어떻게 생겨났을까? 82

4장
생명의 진화란 무엇일까? 85

진화에 대한 여러 가지 생각들 87
《종의 기원》과 다윈 90
/ 궁금 pick / 다윈의 진화론은 세상에 어떤 영향을 끼쳤을까? 100

5장
유전의 비밀은 어떻게 밝혀졌을까? 103

멘델과 유전 법칙 105
염색체와 유전자의 발견 113
/ 궁금 pick / 인간의 게놈 분석이란 무엇일까? 120

6장
과학은 생명을 어떻게 이용할까? 123

생명 현상을 다루는 기술, 생명 공학 125
줄기세포와 동물 복제 132
미래에 만나는 새로운 생명 139
/ 궁금 pick / 로봇도 생명체가 될 수 있을까? 142

작가의 말 145

1장

생명이란 무엇일까?
– 생명체의 구조와 역할

생물과 무생물

우리가 사는 집에는 어떤 생명체들이 살고 있을까? 우선 귀여운 강아지와 고양이가 있고, 어항 속에 물고기들이 있어. 우리를 귀찮게 하는 파리와 모기, 거실 구석에 거미줄을 친 거미, 그리고 화분에 심은 예쁜 꽃들도 모두 생명체야. 집 안에만 해도 이렇게 다양한 생명체가 살고 있다니 놀랍지?

그렇다면 집 밖은 어떨까? 더 어마어마해. 이름 모를 수많은 풀과 꽃, 그 사이를 뛰어다니는 벌레와 동물들 그리고 하늘을 나는 새들도 있지. 하지만 길가의 돌이나 플라스틱으로 만든 조화는 아무리 아름답다고 해도 생명체는 아니야. 이런 것을 무생물이라고 해.

생명 과학에 대해 전혀 아는 게 없어도 우리는 생명을 가진 것과 그렇지 않은 것을 쉽게 구별할 수 있어. 그건 옛날 사람들도 마찬가지였지. 역사가 기록되기 전을 선사 시대라고 하는데 이때 사람들은 열매를 따 먹거나 동물을 사냥했고 늘 자연 속의 생명체들과 가까이 지냈어. 당시 사람들도 지금 사람들처럼 생명과 죽음이 무엇인지 깊이 생각했을거야. 그러면서 살아 있는 것과 죽은 것을 나누는 무엇인가가 있어서 죽는 순간에 그것이 떠난다고 믿었지.

고대 그리스 철학자들도 선사 시대 사람들과 비슷하게 생각했어. 생명은 생기에서 비롯된다고 보고, 생기가 있느냐 없느냐가 생물과 무생물의 가장 중요한 차이점이라고 믿었지. 생기가 생물의 모양을 결정하고 키가 자라거나 아기를 낳는 등의 생명 활동을 만들어 낸다고 생각했어. 병이 생기는 것도 생기의 균형이 깨졌기 때문이라고 믿었단다.

로마 시대의 유명한 의학자인 갈레노스는 고대 그리스 철학자들의 생각을 그대로 이어받았어. 그리고 이렇게 주장했지.

"호흡을 통해 들어온 생기가 피를 통해 운반되면서 우리 몸의 기능을 유지한다."

중세 서양인들이 가장 신뢰했던 《성경》에는 신이 흙으로 사람을 만들어 코에 생기를 불어넣자 생명을 얻었다는 내용이 있어. 이것 때문에 사람들은 갈레노스의 이론을 쉽게 받아들였지.

중세가 끝나고 과학이 발달하기 시작하자 사람들은 생명을 다른 눈으로 보기 시작했어. 17세기 프랑스의 유명한 철학자 르네 데카르트는 정신 세계와 물질 세계를 구분하는 이원론적 사고방식에 따라 동물의 몸을 기계로 보는 매우 독창적인 생명관을 주장했어. 이 이론에 따르면 인간도 영혼을 빼면 기계와 같아. 동물의 몸을 기계로 보는 데카르트의 생각이 널리 퍼지자 이 이론을 이어 연구한 학자도 많았어.

하지만 동물을 기계로만 보아서는 생명체에서 일어나는 여러 가지 현상을 제대로 설명할 수 없었어. 당시는 세포나 분자를 연구할 수 있는 과학 기술이 없었기 때문이야. 데카르트와 그를 따르는 사람들은 기계와 동물이 별 차이가 없다고 주장했지만, 동물을 연구하는 과학자들은 그 주장을 받아들이지 않았지.

오히려 생명체에는 무생물에 없는 특별한 것이 있다고 주장했어. 생명체에는 보이지 않는 힘이 흐른다고 생각했지. 그러다 보니 생명체를 기계로 보려는 사람들과 그에 반대하는 사람들이 오랫동안 치열하게 논쟁을 벌였어.

갈레노스와 갈레노스의 의학서

유기물과 무기물

19세기에 들어서자 생물학 연구가 활발하게 진행되었어. 과학자들은 물질을 생명과 관계없는 물질과 생명이 만든 물질로 나누었어. 19세기 초 스웨덴의 화학자 옌스 야코브 베르셀리우스는 생명이 만든 물질을 '유기물'이라고 이름 붙였고 유기물이 아닌 것을 '무기물'이라고 불렀지.

베르셀리우스는 유기물이 생명의 힘으로 만들어지기 때문에 실험실 안에서는 절대 만들 수 없다고 믿었어. 모든 유기물은 오로지 생명체만이 만들어 낼 수 있다는 거지. 암소가 우유를 만들고 꽃이 꿀을 만드는 것처럼 말이야.

프리드리히 뵐러

그런데 1828년, 베르셀리우스의 제자인 독일의 화학자 프리드리히 뵐러는 놀라운 실험을 했어. 그는 시안산 암모늄이라는 물질을 연구하고 있었는데, 시안산 암모늄을 가열하자 다른 물질로 바뀌어 버린 것을 발견했어. 바뀐 물질은 오줌 속에 있는 '요소'였지. 무기물이었던 시안산 암모늄에서 생명체 안에서 만들어지는 물질인 요소가 생기는 놀라운 결과가 나온 거야. 뵐러는 너무 놀라서 실험 결과를 스승인 베르셀리우스에게 보고했어.

"선생님, 제가 실험실에서 유기물을 만들었어요!"

"흠. 안타깝지만 자네 말을 믿을 수는 없네. 자네가 사용한 시안산 암모늄은 동물의 뿔이나 혈액에서 얻은 것이잖나."

베르셀리우스는 제자의 실험 결과를 쉽게 믿지 않았어. 그러자 뵐러는 같은 실험을 여러 번 시도한 끝에 완전한 무기물을 가지고 요소를 만들어 냈어. 그제야 베르셀리우스는 뵐러의 실험 결과를 인정했어.

뵐러가 놀라운 실험 결과를 얻은 뒤, 유기물은 '생명이 만든 물질'이라는 지위를 내려놓아야만 했어. 요소라는 간단한 유기물 하나를 만들었을 뿐인데, 당시 과학계는 생물과 무생물의 경계가 무너져 버린 것처럼 큰 충격을 받았지. 그러면서 너도나도 실험실에서 유기물을 만들어

보기 시작했어. 그러자 독일의 화학자 아우구스트 케쿨레는 유기물의 정의를 새롭게 내렸어. 유기물이란 '탄소가 포함된 물질'이라는 거야. 생명체와 관련된 물질은 대부분 탄소를 가졌어. 하지만 생명력이 없이 실험실에서도 만들 수 있지.

지금은 유기물을 '하나 이상의 탄소가 다른 원소와 결합을 이루고 있는 화합물'이라고 정의하고 있어.

이렇게 실험실에서 인공적으로 많은 유기물이 만들어지고 과학이 점점 발달하자 생물과 무생물은 완전히 다른 물질로 이루어졌다는 오래된 믿음이 점차 힘을 잃어 갔어. 그러면서 생명체에만 보이지 않는 특별한 힘이 흐른다는 주장도 줄어들었지.

그렇다고 생명체를 데카르트의 이론처럼 완전히 기계로만 본 것은 아니야. '분자'와 같은 아주 작은 입자 단위로 생명체를 바라보는 새로운 시각이 생겼기 때문이야.

생명체를 만드는 물질

과학이 발달하면서 생명체가 어떤 물질로 이루어졌는지는 대부분 밝혀졌어. 생명체를 쪼개고 또 쪼개면 마지막에는 원소가 남아. 원소는 물질을 이루는 기본 요소야. 자연에 존재하는 원소는 90가지인데, 이 중에서 생명체를 만드는 데 쓰이는 원소는 몇 가지 안 돼.

예를 들어 사람은 몸무게의 약 98%가 산소(O), 탄소(C), 수소(H), 질소(N), 칼륨(K), 인(P) 이렇게 여섯 가지의 원소로 이루어져 있어. 다른 생명체도 대부분 몸을 구성하는 원소는 비슷해.

그런데 평범해 보이는 여섯 가지 원소로 이루어진 생물이 어떻게 생명이라는 특이한 성질을 가질 수 있을까? 그것을 이해하려면 자동차를 생각하면 돼. 자동차는 2만여 개의 부품으로 이루어져 있어. 이 부품들은 대부분 금속이나 플라스틱으로 만들어졌지. 마찬가지로 생명체는 수많은 기관과 조직으로 이루어졌지만, 그 기관과 조직은 모두 산소, 탄소, 수소, 질소, 칼륨, 인 등 여섯 가지의 원소가 결합한 분자들로 만들어졌어. 말하자면 자동차의 금속이나 플라스틱을 생명체의 원소 여섯 가지가 결합한 분자로 보면 돼.

 이번에는 자동차를 분해해서 부품을 나열해 볼까? 자동차를 분해하면 여러 가지 모양의 금속 조각, 플라스틱 조각과 볼트, 너트가 대부분이야. 분해된 부품만 놓고 보면 자동차의 모습을 떠올리기 힘들고, 부품 하나하나에서 자동차의 특성도 찾아볼 수는 없지. 이 부품들을 그저 한곳에 뭉쳐 놓는다고 해서 자동차처럼 달릴 수는 없어. 하지만 각 부품을 설계대로 정확하게 조립하면 자동차는 시동이 걸리고 움직일 수 있지.

 마찬가지로 평범해 보이는 원소 여섯 가지가 결합한 분자들이 정확히 배열되고 결합해 생명체의 작은 부품이 되고, 이 부품들이 결합하면 생명체가 완성되지. 그리고 생명이라는 기능을 갖는 거야.

생명의 시작, 물

지구 밖에서 살아 있는 무언가를 찾기 위해서는 무엇보다 그 행성에 물이 있나 없나를 먼저 따지곤 해. 왜일까? 물은 지구에 생명이 탄생하는 데 가장 큰 역할을 했고, 생명체를 구성하는 데 가장 많은 비중을 차지하기 때문이야. 물은 수소 원소(H) 2개와 산소 원소(O) 1개가 결합한 물질이야. H_2O라고 표현하지. 그래서 우리 몸을 구성하는 원소 중에는 수소가 가장 많아. 하지만 수소는 매우 가벼운 원소이므로 무게로 따지면 산소가 가장 많은 부분을 차지해.

그런데 물은 어떤 성질이 있어서 생명이 탄생하는 데 가장 중요한 역할을 했을까?

물은 0℃에서 100℃까지는 액체로 있지만 0℃보다 더 차가워지면 얼고, 100℃보다 더 뜨거워지면 기체로 변하지. 그런데 물은 다른 물질에 비해 잘 데워지지도 않고 잘 식지도 않는 특성이 있어. 이 때문에 생명체 안의 온도는 바깥의 환경 변화에 따라 크게 변하지 않고 안정적일 수 있어. 그리고 열을 천천히 전달하는 성질도 있어서 어느 한 부분만 온도가 갑자기 변하지 않고 전체적으로 천천히 변하도록 해 주지.

표면 장력

게다가 물은 '표면 장력'을 가지고 있어. 표면 장력은 응집력이라고도 하는데, 액체가 전체 면적을 최소화하려는 힘이야. 쉽게 말하면 가지고 있는 면적을 줄이려고 한다는 거지. 그래서 물방울은

표면 장력을 보여 주는 물방울

면적이 가장 작은 동그란 모양을 하고 있지.

 같은 물 분자끼리는 서로 뭉치려는 응집력이 있고, 물 분자가 다른 물질과 닿으면 그 물질에 붙으려는 흡착력이 작용해. 물이 식물 줄기의 물관 같은 좁은 관과 닿으면 액체가 좁은 관을 따라 올라가는 모세관 현상이 나타나. 응집력과 흡착력이 같이 작용해서 일어나는 일이지. 덕분에 물이 식물의 뿌리에서부터 높은 꼭대기까지 줄기를 통해 올라갈 수 있는 거야.

생명체를 이루는 화합물

 생명체를 이루는 여섯 가지 원소는 서로 결합하지 않으면 의미가 없어. 서로 결합해 큰 분자가 되어야만 생명체를 만드는 물질이 될 수 있기 때문이야. 큰 분자로는 탄수화물, 단백질, 지질, 핵산이 있어. 여섯 가지 원소가 어떤 비율로 결합하느냐에 따라 단백질도 되고 탄수화물도 되는 거야.

사람 몸은 70%가 물이고, 25%가 이 네 가지로 이루어져 있어. 그리고 나머지 5%는 다른 작은 분자들이나 이온들이지. 물을 뺀 물질의 구성 비율은 단백질이 약 55%, 핵산이 약 25%, 탄수화물이 12%, 지질이 7~8% 정도야.

그런데 생명체가 죽으면 생명체를 이루는 물질에 어떤 변화가 생길까? 그럴 경우 단백질이 분해되는 등 원소들이 결합해 있던 방식에 변화가 생겨. 하지만 원소의 종류와 양에는 변화가 없지. 그러니까 생명체의 생명은 어떤 원소가 얼마나 있느냐보다는 원소들의 결합 방식이나 사용 방법에 달려 있다는 것을 알 수 있어.

단백질이라고 하면 대개 고기, 즉 동물의 피부나 근육을 생각하기 쉬워. 그런데 피부나 근육뿐만 아니라 딱딱한 발톱, 눈의 수정체, 털까지 모두 단백질이야. 사람의 머리털은 단백질 종류 중 하나인 '케라틴'으로 만들어졌지.

자동차를 만드는 데 가장 많이 쓰이는 재료가 금속이라면, 생명체의 몸을 만드는 데 가장 많이 쓰이는 재료는 단백질이야. 그래서 단백질이 가장 많지. 또 위나 장에서 음식물을 분해하는 소화 효소나 간에서 독소를 분해하는 효소 등도 대부분이 단백질로 만들어졌어.

생명체의 특징

지구에는 정말 여러 가지 생물들이 살고 있어. 땅 위의 크고 작은 동물과 식물, 그리고 하늘을 나는 새, 바닷속 가지각색의 물고기 등 수많은 생물이 있지. 게다가 맨눈에는 보이지 않을 정도로 작은 세균은 그 수와 종류가 상상도 할 수 없을 만큼 많아. 우리 몸에만 100조에서 1,000조 개의 세균이 살고 있을 정도니까. 집 안에는 적어도 20만 종의 생명체가 우글거린다고 해. 현재 지구에는 이름을 가진 생명체만 190만 종이 넘어.

  이렇게 많은 생물들의 공통점은 무엇일까? 먼지보다 작은 세균과 빌딩만큼 큰 고래를 비교하면 도무지 공통점이 없을 것 같아. 사람과 식물을 비교해도 마찬가지. 생각하고, 움직이고, 밥을 먹는 사람과 씨앗에서 자라서 죽을 때까지 같은 자리에 머무는 식물 사이에 과연 같은 점이 있을까? 그런데 모든 생명체들은 공통으로 갖고 있는 특징이 있어.

첫 번째 특징은 생명체는 자극에 반응한다는 거야.

우리는 빛이나 소리, 냄새, 열 등과 같은 주위 자극을 느끼며 살아가고 있어. 뜨거운 걸 만지면 깜짝 놀라고, 신나는 음악이 들리면 어깨가 들썩이고, 빵집 앞을 지나갈 때면 갓 구운 빵 냄새를 맡고 군침을 삼키잖아. 생물도 마찬가지야. 아주 작은 세균도 주위의 자극을 느끼지. 대장균

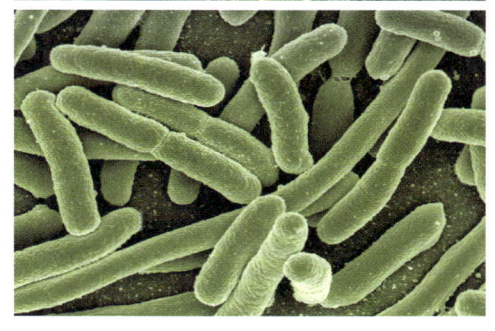

꽃향기를 맡는 아이(위)
대장균(아래)

을 예로 들어 볼게. 대장균은 긴 실 모양의 '편모'를 여러 개 가지고 있어. 이것을 이용해 방향을 이리저리 바꿔 가며 움직이지. 만약 해로운 물질이 다가오면 편모가 알아채고 움직이는 방향을 바꾸는 거야. 이런 방법으로 대장균은 먹이가 많은 쪽이나 살기 좋은 곳으로 이동할 수 있지.

화분에 심은 식물을 살펴보면 더 쉬울 거야. 식물은 빛을 잘 받기 위해서 빛이 오는 쪽으로 줄기 끝이 조금씩 구부러지며 자라거든. 이것

은 식물이 빛이라는 자극에 반응한다는 증거야.

두 번째 특징은 모든 생명체는 외부에서 영양소를 얻는다는 거야.

생명체의 특징 중 하나는 안과 밖의 구별이 있고 밖에서 영양소를 얻어야만 해. 우리도 살아가기 위해서는 공기와 물이 있어야 하고 밥이나 간식도 먹어야 하잖아. 다른 생물도 마찬가지야. 살아가기 위해 밖에서 영양소를 얻고, 그 영양소로 필요한 에너지와 몸을 구성하는 재료를 만드는 거야. 그리고 남은 찌꺼기나 열을 밖으로 내보내지. 이렇게 생명체는 물질이나 에너지를 밖으로부터 받아야만 살 수 있어.

좀 더 자세히 설명해 볼게. 식물은 밖에서 얻은 물과 이산화탄소, 빛에너지를 이용해서 유기물과 산소를 만들어 내. 이것이 광합성이야. 식물은 자신이 만든 유기물을 영양소로 사용하고 몸을 구성하는 재료로도 사용해. 반면에 광합성을 하지 못하는 동물은 식물이 만든 유기물과 산소를 먹어서 몸을 이루는 재료를 만들고 필요한 에너지를 얻지. 그리고 필요 없거나 남은 유기물은 밖으로 내보내. 오줌이나 똥, 가스로 말이야. 우리가 매일 밥을 먹고 화장실에 가는 이유이기도 해.

세 번째 특징은 모든 생명체는 자신을 닮은 자손을 늘려 간다는 거야.

집에서 키우는 개는 자신을 닮은 강아지들을 낳아. 농장에서 키우는 돼지도 자신을 닮은 새끼 돼지들을 한 번에 여러 마리씩 낳지. 식물들도 마찬가지야. 민들레는 털이 달린 수많은 씨를 날리는데, 그 씨가 떨어진 곳에서 다시 민들레가 자라지. 세균과 같은 단세포 생물도

몸이 둘로 갈라지는 세포 분열을 통해 자신과 같은 모습의 생물을 늘려 가. 이렇게 모든 생명체는 자신과 같은 종류의 자식을 낳고 그 수를 늘려 간단다.

　마지막 특징은 모든 생명체는 세포로 이루어졌다는 거야. 앞에서 말한 생명체의 세 가지 특징도 세포가 있어야만 나타날 수 있어. 세포는 생명체의 몸을 이루는 기본 단위지. 단세포 생물처럼 세포 하나가 독립된 생명체인 경우도 있지만 대부분 생명체의 몸은 세포들이 모여서 만들어졌지. 그리고 세포는 생명 활동이 일어나는 가장 작은 단위이기도 해.

세포는 어떤 모습일까?

식물과 동물의 세포를 살펴보면 한가운데는 둥근 모양의 핵이 있고 주변으로 세포질이 있지. 세포질에는 미토콘드리아, 리보솜, 골지체 등과 같은 여러 가지 세포 기관들이 있어. 그런데 식물 세포에는 동물 세포와 달리 세포벽, 엽록체와 액포가 있단다.

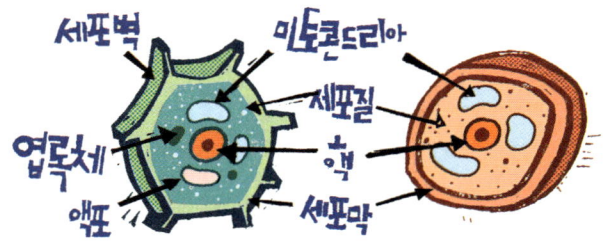

식물 세포　　　　　동물 세포

세포벽: 식물 세포에만 있으며 세포를 외부로부터 보호하고 세포의 모양을 유지하도록 한다.
세포막: 세포 내부를 보호하며 모양을 유지하도록 세포를 감싸고 있다.
세포질: 핵을 제외한 세포의 내부를 채우는 부분이다.
핵: 생명 활동을 조절하는 데 필요한 모든 유전 정보가 들어 있다.
미토콘드리아: 세포의 생명 활동에 필요한 에너지를 만든다.

엽록체: 식물 세포 안에만 있는 작은 기관으로 광합성을 일으킨다.
액포: 식물 세포 안에 있는 주머니 모양의 기관으로, 안에 세포액이 들어 있다.

세포들이 모여 어떻게 생명체의 몸을 만들까?

세균과 같은 단세포 생물을 제외한 생물 대부분은 여러 개의 세포가 마치 블록 쌓기의 블록처럼 차곡차곡 쌓인 모습으로 몸이나 형태를 만들어. 인간의 몸은 약 0.002~0.1mm 크기의 세포가 약 60조~100조 개로 이루어졌어.

세포는 약 200가지 종류로 나뉘는데, 종류에 따라 크기와 생김새가 모두 달라. 종류가 같은 세포들이 서로 모여서 하나의 조직을 만들고 조직들이 모여서 하나의 기관을 만드는 거야. 기관은 간, 위, 심장, 허파 등과 같은 여러 가지 장기들을 말해. 그리고 서로 비슷한 일을 하는 기관들이 모여 기관계를 이루고, 이 기관계가 모여서 우리 몸이 되는 거야.

2장

지구에는
어떤 생물들이 있을까?
– 다양한 생명체의 종류

생물의 분류 체계를 만든 사람들

지구에는 이름을 가진 생물이 약 190만 종이 있다고 했어. 그런데 이 190만 종이 지구 생물의 전부라고 생각하면 큰 오산이야. 지금까지 알려지지 않고 숨어 있는 생물이 더 많거든. 과학자들은 지구의 생물이 적게는 1,000만 종에서 많게는 5,000만 종까지 될 거라고 추측하고 있어. 여기에 확인되지 않은 미생물까지 더하면 정말 상상하기 힘들 정도로 많은 종류의 생물이 지구에 살고 있는 거야.

그런데 이렇게 많은 생물의 종류를 구분하고 이름 붙이는 일을 누가 했을까?

생물의 종류를 비슷한 점과 다른 점에 따라 정리하고 무리 짓는 일을 '분류'라고 하는데, 이것은 생물학에서 하나의 학문으로 자리 잡고 있어. 식물을 분류하는 학문을 '식물 분류학'이라 하고, 동물을 분류하는 학문은 '동물 분류학'이라 하지. 미생물을 분류하는 '미생물 분류학'도 있어.

　이러한 생물 분류학은 지구상의 모든 생물 자료를 수집하고 여러 가지 기준에 따라 종류별로 나누는 거야. 생물 분류학을 연구하는 과학자들은 지금도 새로운 생물을 찾기 위해 세계 곳곳을 누비거나 실험실에서 연구 중이지. 생물의 구조를 비교하기 위해 현미경으로 살펴보면서 말이야.

생물 분류의 시작

　기록에 의하면 처음으로 생물을 분류한 사람은 고대 그리스 철학자 아리스토텔레스야. 철학자로 알려진 아리스토텔레스는 자연에도 관심이 많았지. 그래서 《동물 부분론》, 《동물 발생론》, 《동물지》 등 동물에 관한 책을 남기기도 했어. 이 책들은 생물의 체계적인 관찰과 분류에 관한 최초의 기록이지. 여기에서 그는 500종이 넘는 동물을 상당히 자세하고 체계적으로 분류해 기록했어.

　아리스토텔레스는 동물을 붉은색의 피가 있는 동물과 그렇지 않은 동물, 이렇게 크게 두 가지로 나누었어. 지금의 과학 기술에서 보면 많은 오류가 있지만, 생물에 관해 과학적인 연구를 시작했다는 점에서 큰 의의가 있어.

　그리고 17세기에 영국 과학자 존 레이는 생물의 분류 체계를 만들었어. 그는 식물의 모습이나 생장 환경이 다양하다는 것에 관심이 매

우 많았어. 하지만 당시에는 체계적인 식물 분류 방법이 없었기 때문에 늘 아쉬워했지. 그래서 직접 분류 체계를 만들어 1만 8000여 종의 식물을 모양과 사는 곳에 따라 분류했어.

그뿐 아니라 동물에 대한 분류 체계도 세웠지. 하지만 아쉽게도 그 체계는 식물과 동물의 이름을 알파벳순으로 나열한 것에 지나지 않았고, 유니콘과 같이 신화 속에나 나오는 동물까지 포함하는 실수도 저질렀지. 그럼에도 생물의 세계를 과학적으로 연구할 수 있는 토대를 마련했다는 데 의의가 있단다.

분류학의 아버지, 린네

현재 사용하고 있는 생물 분류 체계는 1735년 출판된 스웨덴 식물학자 린네의 책 《자연의 체계》에서 시작되었어. 린네는 앞서 설명한 존 레이의 기록과 자신의 연구 자료를 모아 총 7,700종의 식물과 4,400종의 동물을 분류했지. 그는 생물을 계, 문, 강, 목, 과, 속, 종으로 나누었어. 가장 넓은 범위가 '계'이고, 가장 작은 범위는 '종'이야. 이것을 쉽게 설명하면 우리가 사용하는 주소와 비슷해. 대한민국(나라) 서울시(시) 마포구(구) 합정동(동) 500번지라는 주소처럼 아래로 내려갈수록 점점 잘게 나누어지도록 했어.

동물원에 가 본 사람이라면 동물 우리 앞에 작게 쓰여 있는 분류표를 본 적이 있을 거야. 예를 들어 호랑이는 동물(계) 척삭동물(문) 포유류(강) 식육(목) 고양이(과) 범(속) 호랑이(종)으로 분류하고 있어.

큰 특징에서 시작해 세부적인 특징으로 나누는 거지.

이 분류 체계의 가장 아래쪽에 있는 '종'은 생물 분류의 기본 단위이며, 가장 비슷한 특성을 가진 생물 무리라고 할 수 있지. 호랑이는 시베리아 호랑이건, 벵골 호랑이건 모두 '호랑이종'이야. 또 산속에 사는 토끼나 나무 위의 매미나 바닷속의 멍게나 모두 '동물계'에 속하지. 가장 큰 범위에서는 동물이라고 봐야 하니까.

칼 폰 린네

종족 번식을 하기 위해서는 반드시 같은 종끼리 짝짓기를 해야만 해. 짝짓기를 통해 자손을 낳을 수 있는지 없는지가 종을 구분하는 중요한 기준이 되는 거지. 호랑이와 토끼가 짝짓기를 할 수 없으니 다른 종인 거야. 이 분류법을 이용하면 새롭게 발견된 생물도 쉽게 분류할 수 있어. 종이 다른 수컷 사자와 암컷 호랑이 사이에서 태어난 라이거나 수컷 호랑이와 암컷 사자 사이에서 태어난 타이곤을 떠올릴 수도 있지만, 이것은 동물원에서 인위적으로 교배를 시킨 것이지 자연에서는 일어나지 않는 일이야.

생물의
분류 체계

린네가 세운 생물 분류 체계에는 생물의 가장 큰 분류 개념인 '계'에 식물계와 동물계만이 있었어. 당시 사람들에게는 눈에 보이지 않는 미생물을 분류할 방법이 없었기 때문이야. 그 뒤, 과학이 발달하면서 미생물도 분류할 수 있게 되었지. 그러면서 생물은 동물계, 식물계, 미생물계로 나뉘었어. 여기에 더해 미생물에 관한 연구가 활발해지면서 미생물은 다시 두 개의 계로 나뉘었지. 현재는 생물을 크게 다섯 개의 집단인 원핵생물계, 원생생물계, 균계, 식물계, 동물계로 나눈단다.

원핵생물계

원핵생물은 지구에서 가장 오래된 생물 무리야. 하나의

세포로만 이루어진 단세포 생물이지. 원핵생물의 특징은 세포 안에 핵막이 없어서 핵이 또렷이 구분되지 않는다는 거야. 그래서 유전 물질인 DNA가 그대로 드러나 있지. 게다가 세포 내부에 막으로 둘러싸인 기관도 없어.

대장균이나 유산균, 결핵균 등 각종 세균이 원핵생물계에 속해. 원핵생물이 아닌 생물은 모두 세포 안에 핵막이 있는 제대로 된 핵을 가지고 있기 때문에 진핵생물이라고 부른단다.

원생생물계

원생생물은 진핵생물 중 가장 단순한 종류야. 단세포 생물이 대부분을 차지하지만 세포가 여러 개인 다세포 생물도 있어. 원핵생물과 달리 세포 안에 핵막으로 둘러싸인 핵이 있고 미토콘드리아나 골지체 등과 같은 세포 소기관도 있지. 원생생물은 엽록소를 가지고 있어 스스로 영양분을 만들 수 있는 '식물성 원생생물'과 외부의 먹이를 잡아먹어야 살 수 있는 '동물성 원생생물'로 나눌 수 있어.

동물성 원생생물로는 짚신벌레, 아메바, 유글레나 등이 있고, 식물성 원생생물로는 녹조류, 홍조류, 갈조류, 규조류 등이 있지. 우리가 즐겨 먹는 미역이나 다시마가 갈조류이고, 김과 우뭇가사리는 홍조류, 파래와 청각은 녹조류야.

균계

균계의 생물부터는 대부분 다세포 생물이야. 여러 개의 세포를 가지고 있지만, 균계 생물은 식물처럼 광합성을 하지 못하기 때문에 밖으로부터 영양분을 공급받아야만 살아갈 수 있어. 자유롭게 움직일 수도 없으므로 동물처럼 다른 생물을 잡아먹어 영양분을 공급받을 수도 없지. 그래서 주로 식물이나 동물에 붙어살면서 영양분을 얻어. 이것을 기생 또는 공생이라고 해.

지금까지 10만여 종이 알려졌고, 우리에게 친숙한 버섯, 곰팡이, 효모 등이 이 무리에 속해. 등산할 때 버섯이 자라는 곳을 살펴보면 죽은 나무 밑동에 붙어 있는 경우가 많을 거야.

균계에 속하는 버섯

식물계

식물은 동물과 달리 스스로 움직이지 못하기 때문에 다른 생물을 잡아먹을 수가 없어. 광합성을 해 스스로 영양분을 만들고 동물들이 호흡하는 데 필요한 산소를 만들어 내지. 식물은 지구상에 29만 종 이상이 살고 있어.

동물계

동물은 식물과 달리 자유롭게 움직일 수 있지만 스스로 영양분을 만들어 내지 못하기 때문에 영양분을 밖에서 찾아야 해. 결국 다른 생물을 먹어야만 살아갈 수 있는 거야. 영양분을 얻기 위해 식물을 먹는 동물도 있고, 자신보다 작은 동물을 잡아먹는 동물도 있어. 동물은 지금까지 약 100만 종이 알려졌는데, 곤충 종류가 가장 많아. 동물은 닭처럼 알을 낳거나 개나 고양이처럼 새끼를 낳아서 자손을 퍼뜨린단다.

식물과 동물의 분류

생물을 구성하는 다섯 가지 계 중에서 식물과 동물은 우리에게 가장 친숙해. 게다가 우리 인간은 동물에 속해 있지. 그런 의미에서 식물과 동물에 대해 좀 더 자세히 설명할게.

식물과 동물은 서로 닮은 구석이 거의 없어 보이지만, 둘 다 원생생물에서 진화했어. 원생생물 중 엽록체를 갖게 된 종류가 광합성을 하면서 식물로 진화한 거야. 식물은 광합성을 통해 스스로 영양분을 만들기 때문에 먹이를 찾아 여기저기 돌아다닐 필요가 없었어. 그래서 땅에 뿌리를 박고 머무는 생활을 하게 되었고 광합성을 많이 할 수 있도록 무성한 잎을 갖게 되었지. 반면에 스스로 영양분을 만들 수 없는 동물은 계속해서 먹이를 찾아 부지런히 움직여야 했어.

식물의 분류

식물은 크게 꽃이 피는 식물과 꽃이 피지 않는 식물로 나눌 수 있어. 꽃을 피우는 식물은 씨로 자손을 퍼뜨리고, 꽃이 피지 않는 식물은 홀씨(포자)로 자손을 퍼뜨리지. 꽃이 피지 않는 식물로는 고사리류와 이끼류 등이 있어.

꽃이 피는 식물은 다시 씨의 위치에 따라 겉씨식물, 속씨식물로 나누지. 겉씨식물은 씨방이 없어 밑씨가 밖으로 드러나 있고, 속씨식물은 겉씨식물보다 발달한 구조로 밑씨가 씨방 속에 있어. 겉씨식물은 속씨식물보다 먼저 지구에 나타났지만, 지금은 속씨식물이 식물의 80%를 차지할 정도로 번성하고 있지. 주변에서 흔히 볼 수 있는 겉씨식물로는 소나무, 전나무, 은행나무 등이 있어.

속씨식물은 떡잎의 수에 따라 외떡잎식물과 쌍떡잎식물로 나눠. 떡잎은 씨앗이 발아하면서 나오는 첫 번째 잎을 말해. 외떡잎식물은 떡잎이 한 개이고 나란한 잎맥을 가지고 있지. 반면에 쌍떡잎식물은 떡잎이 한 쌍이고 잎맥이 그물 모양이야. 외떡잎식물로는 우리의 주식인 벼와 보리, 백합 등이 있고, 쌍떡잎식물로는 강낭콩, 장미, 진달래 등이 있어.

그물 모양의 잎맥

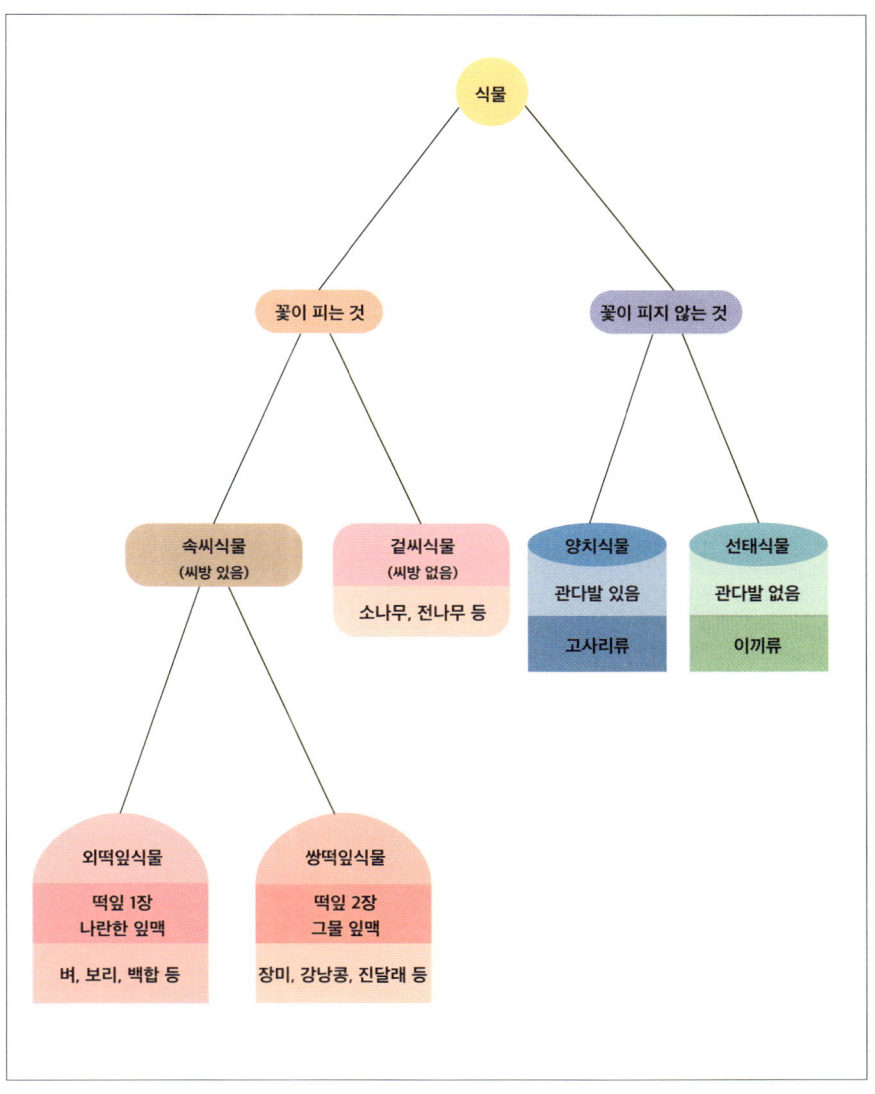

식물의 분류

동물의 분류

동물은 크게 등뼈가 있는 동물과 등뼈가 없는 동물로 나눠. 등뼈가 있는 동물을 '척추동물'이라 하고, 등뼈가 없는 동물을 '무척추동물'이라고 해.

척추동물에는 어류, 양서류, 파충류, 조류, 포유류가 있는데, 어류, 양서류, 파충류는 기온에 따라 체온이 변하는 변온 동물이고, 조류와 포유류는 기온에 따라 체온의 변화가 없는 정온 동물이야.

우리 주변에는 개, 고양이, 비둘기 등 대부분 척추동물이 많지만 사실 척추동물보다는 무척추동물이 훨씬 많아. 전체 동물의 90% 이상을 차지할 정도이고, 종류도 훨씬 다양해. 무척추동물은 몸의 모양, 번식 방법, 생활 방식 등에 따라 극피동물, 절지동물, 환형동물, 연체동물, 편형동물, 강장동물 등으로 나눌 수 있어.

척추동물의 분류

이번에는 척추동물을 종류별로 설명할 거야. 먼저 기온에 따라 체온이 변하는 변온 동물을 소개할게. 변온 동물에는 어류, 양서류, 파충류가 있어. 어류는 물속에서 살고 아가미로 숨을 쉬지. 대부분 피부에 비늘이 덮여 있고 물속에서 몸의 균형을 잡기 위한 지느러미가 있어. 어류는 현재 약 3만 2000종이 알려져 있지.

양서류는 세계적으로 약 7,000종이 알려졌는데, 주로 개구리 종류가 많아. 다리 네 개를 가졌고, 대부분 폐 호흡과 피부 호흡을 동시에

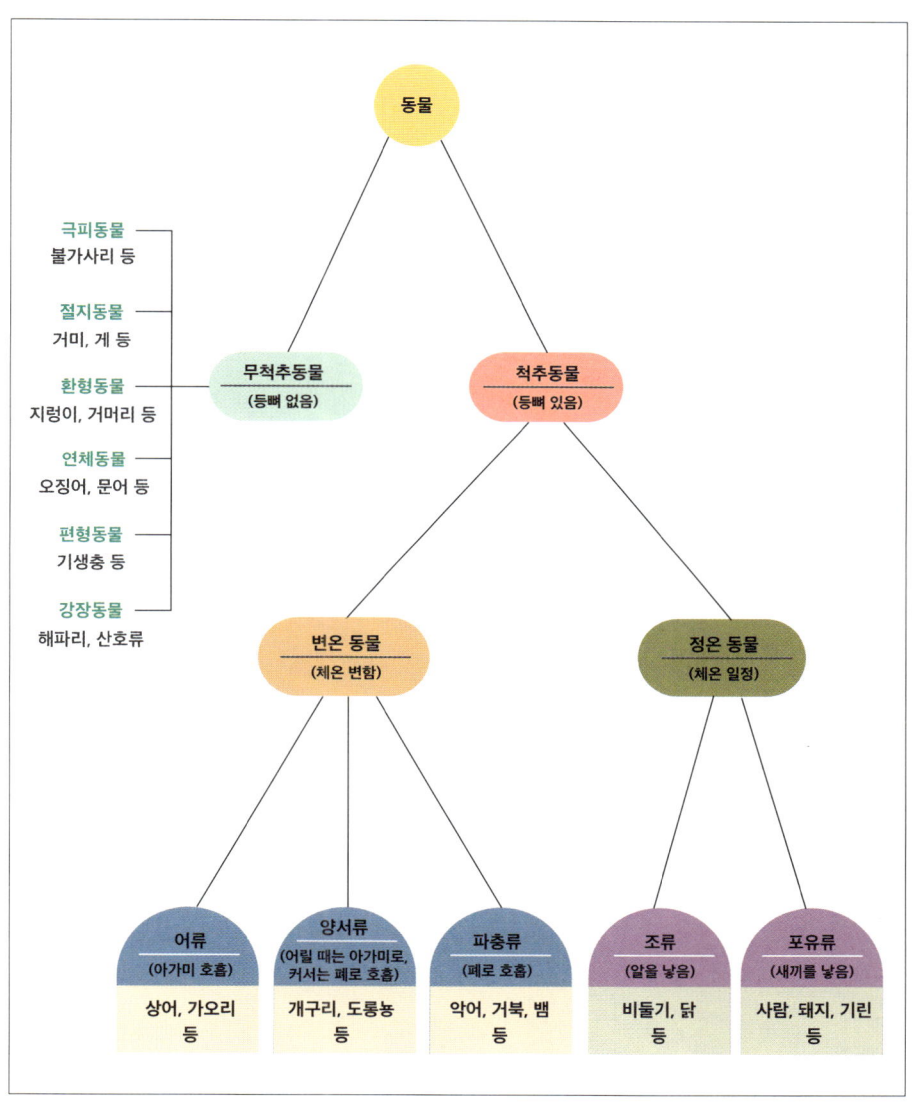

동물의 분류

할 수 있어. 피부 호흡을 위해 늘 촉촉한 피부를 가지고 있지. 어릴 때는 주로 물속에서 살다가 성장하면 땅 위에서 생활해.

파충류는 세계적으로 약 9,800종이 알려졌어. 폐로 호흡하며 알을 낳아 번식하지. 몸에 비늘이 덮여 있고 두 쌍의 다리가 있는데, 뱀처럼 다리가 퇴화해 버린 경우도 있어. 파충류에는 뱀과 악어, 도마뱀 등이 있단다.

기온에 따라 체온의 변화가 없는 정온 동물에는 조류와 포유류가 있어. 조류는 세계적으로 약 1만 종이 알려졌지. 폐로 숨을 쉬고 알을 낳으며 온몸이 깃털로 덮여 있어. 앞다리 대신 날개가 있어 하늘을 날 수 있는데, 타조와 닭처럼 날개가 있어도 날지 못하는 종류도 있지.

포유류는 세계적으로 약 5,000종이 알려졌어. 폐로 호흡을 하고 대부분 새끼를 낳고 젖을 먹여 키워. '포유'는 젖을 먹여 키운다는 뜻이야. 털이나 두꺼운 피부가 있어 추운 날씨에도 몸을 보호할 수 있으므로 추운 극지방은 물론 햇볕이 뜨겁게 내리쬐는 열대 지방, 사막에서도 살 수 있어. 우리에게 친근한 개와 고양이, 양, 소, 말, 원숭이, 박쥐, 기린, 코끼리, 바다를 누비는 고래도 모두 포유류이고, 인간도 포유류에 속해.

대표적인 파충류에 속하는 악어

무척추동물의 분류

무척추동물은 몸에 등뼈가 없는 동물이야. 극피동물, 절지동물, 환형동물, 연체동물, 편형동물, 강장동물 등이 있어. 극피동물은 바다에 사는데 대부분 몸이 어느 방향에서 봐도 모양이 똑같고 몸 표면에 가시가 나 있는 껍질을 가졌어. 불가사리, 해삼, 성게 등이 있지. 해삼은 몸 표면에 가시가 보이지 않는데, 사실은 아주 작은 가시들이 피부와 살 속에 숨어 있어.

절지동물은 동물계에서 가장 종류가 많아. 전 세계에 100만 종이 넘게 살고 있지. 몸이 딱딱한 외골격으로 싸여 있고 몸과 다리에 여러 개의 마디가 있어. 절지동물은 환경에 적응하는 능력이 뛰어날 뿐만 아니라 번식력도 아주 강하기 때문에 지구 어느 곳에서나 잘 살아. 절지동물의 약 85%는 곤충인데, 매년 새로운 종이 약 1만 종이나 발견된다고 해. 곤충의 몸은 머리, 가슴, 배의 세 부분으로 나뉘는데, 머리에 눈과 더듬이, 입이 있으며, 가슴에는 세 쌍의 다리가 있어. 그러니까 만약 다리가 여섯 개가 넘는다면 곤충이 아닌 거야.

환형동물은 세계적으로 약 1만 7000종이 알려져 있어. 몸이 가늘고 긴 원통 모양이며 여러 개의 마디로 이루어

극피동물인 불가사리

졌는데 몸통과 머리가 정확히 구별되지 않아. 몸의 맨 앞쪽에 입이 있고 뒤쪽 끝에 항문이 있지. 우리가 잘 아는 환형동물은 비가 갠 날 땅바닥을 기어 다니는 지렁이야.

연체동물인 문어

연체동물은 동물계에서 절지동물 다음으로 종류가 많아. 세계적으로 약 11만 2000종이 알려져 있지. 몸이 물렁물렁 부드러워서 연체동물이라는 이름이 붙었어. 피부가 자라서 생긴 외투막이 몸을 둘러싸는데, 연체동물 대부분은 단단한 껍데기가 몸을 보호하고 있지. 오징어와 문어, 그리고 소라, 전복, 조개류 등이 연체동물에 속해.

편형동물은 세계적으로 약 2만 종이 알려져 있고 몸 구조가 매우 단순하며 좌우 대칭이야. 몸이 납작하게 생겼기 때문에 편형동물이라는 이름이 붙었지. 바다나 민물, 땅 위에 살고 있고 동물에 기생하는 종류도 있어. 동물의 몸속에 기생하는 기생충이 편형동물에 속하지.

강장동물은 세계적으로 약 1만 종이 알려져 있고 대부분 물속에서 살고 있어. 몸의 구조가 매우 간단하고 입은 있지만 항문이 없지. 산호, 히드라, 말미잘처럼 움직이지 않고 한곳에서 생활하거나 해파리처럼 떠다니는 부유 생활을 해.

정온 동물과 변온 동물은 어떻게 다를까?

항상 체온이 일정한 정온 동물은 체온을 지키기 위한 여러 장치를 가지고 있어. 우선 체온이 떨어지지 않도록 몸에서 계속해서 열을 만들지. 정온 동물인 사람은 날씨가 아무리 추워도 체온은 항상 36.5℃ 정도를 유지해. 피부 밑에 지방층이 있기 때문이야. 다른 정온 동물들도 몸에서 열이 쉽게 빠져나가지 않도록 몸에 털이나 깃털을 가지고 있어. 기온이 높을 때는 땀을 흘리는데, 땀이 증발하면서 열을 빼앗기 때문에 더 이상 체온이 올라가지 않지.

그렇다면 두꺼운 털가죽이 있어서 땀을 흘리지 못하는 개나 사자는 어떻게 할까? 이런 포유류는 땀을 흘리는 대신 헐떡거림으로써 따뜻한 숨을 밖으로 내보내고 침을 증발시켜 몸속의 열을 빼내. 더운 여름이면 개가 혓바닥을 길게 내밀고 헐떡이는 걸 본 적 있을 거야.

정온 동물인 개

정온 동물은 바깥 온도와 상관없이 체온을 유지할 수 있으므로 사계절 내내 활동을 할 수 있고, 열대 지방에서 북극까지 지구 어디에서나 살 수 있어. 하지만 곰이나 다람쥐처럼 바깥 온도가 너무 낮거나 먹이가 부족해서 체온 유지가 힘들 때는 겨울잠을 자는 종류도 있기는 해.

바깥 온도에 따라 체온이 변하는 동물은 변온 동물이야. 변온 동물은 체온을 조절할 수 없으므로 기온이 올라가면 체온도 따라 올라서 행동이 빨라지고, 기온이 내려가면 체온도 내려가서 행동이 느려져. 그래서 변온 동물은 사냥처럼 빠른 행동이 필요할 때는 미리 체온을 올려야 해. 대부분 주변 환경에서 열을 얻어 체온을 올리지. 악어들이 단체로 일광욕을 즐기는 것도 체온을 올리기 위해 태양열을 이용하는 거야.

변온 동물은 날씨가 추운 곳에서는 제대로 활동할 수 없어. 그래서 따뜻한 곳에 살거나 따뜻한 시기에만 활동하지. 추운 지방에 사는 변온 동물은 날씨가 추워지면 따뜻한 땅속에 들어가 겨울잠을 자. 정온 동물은 겨울잠을 자더라도 얕은 잠을 자고, 변온 동물은 따뜻한 봄이 될 때까지 죽은 듯이 잔단다.

변온 동물은 아무 데서나 살 수 없고 체온을 올리기 위해 일광욕을 해야 하는 등 불편한 점이 많아. 하지만 좋은 점도 있어. 정온 동물보다 먹이를 조금 먹어도 오래 견딜 수 있거든. 그래서 악어는 몇 주일에 한 번만 먹어도 살아가는 데 문제가 없어. 반면에 정온 동물은 먹이의 80%를 체온 유지를 위한 에너지로 사용하기 때문에 꾸준히 영양을 보충해야 해. 우리가 한두 끼만 걸러도 견디기 힘든 걸 생각하면 알 수 있지.

3장

생명은 어떻게 시작되고 발전해 왔을까?
– 생명체의 발생

생명의
시작

지구 위의 많은 생물은 어떻게 생겨났을까? 아주 오래전부터 사람들은 이 궁금증을 풀기 위해 노력했어. 고대 그리스 철학자 아리스토텔레스는 생물이 아무것도 없는 자연 상태에서 저절로 생겨날 수 있다고 주장했지. 과학 지식이 부족했던 시대였기 때문에 오래된 음식에서 갑자기 구더기가 생기고 씨앗도 심지 않은 땅에서 식물이 싹트는 걸 보고 이런 주장을 한 거야. 이런 주장을 '자연 발생설'이라고 해.

자연 발생설과 생물 속생설

과학이 발달하면서 사람들은 자연 발생설에 조금씩 의문을 품기 시작했어. 1668년, 이탈리아의 의사 프란체스코 레디가 의문을 풀기 위해 실험을 했지. 그는 두 개의 유리병에 고기 조각을 넣고, 유리병 하나는 입구를 막지 않은 채 그대로 두고, 나머지 하나는 입구를 양피지로 막았어.

며칠 후, 두 유리병 안의 고기는 모두 썩어 갔지. 그런데 입구를 막지 않은 유리병 안에는 구더기가 생겼고, 입구를 양피지로 막은 유리병 안에는 구더기가 생기지 않았어.

"아하, 구더기가 썩은 고기에서 저절로 생기는 게 아니라 파리가 유리병 안으로 들어가서 낳은 알에서 생긴 거구나!"

레디는 이렇게 생각하며 자연 발생설을 반박했지. 그리고 생물은 반드시 기존 생물로부터 생겨난다는 주장을 했어. 이것이 '생물 속생설'이야(이렇게 말하면서도 기생충 같은 일부 생물은 자연적으로 생긴다고 믿었어.).

하지만 여전히 자연 발생설을 주장하는 사람들도 많았어. 1745년, 영국의 존 니덤 신부는 닭고기 수프를 끓이자마자 유리병에 담고 유리병 입구를 코르크 마개로 단단히 막았지. 그런데 며칠 후에 그 유리병 안에는 미생물이 생긴 거야.

"닭고기 수프에서 미생물이 저절로 생겼잖아? 이건 바로 생물 속생설이 틀렸다는 증거야!"

니덤 신부는 이렇게 주장하며 생물 속생설을 반박했어.

한참의 시간이 흘러, 1862년에 프랑스 화학자 루이 파스퇴르는 유명한 실험을 했어. 플라스크에 고기 수프를 넣고 플라스크의 목 부분을 길게 늘여 S자 모양으로 구부러뜨렸어. 그리고 플라스크를 가열해 고

기 수프를 끓였지. 수프가 끓을 때 나온 수증기가 플라스크의 구부러진 목 부분을 지나면서 물방울이 맺혔어. 나중에 플라스크가 식은 뒤 플라스크의 목 부분에 물이 고였고, 이 물이 플라스크 안으로 들어오는 외부 공기를 막았지. 그러자 이 플라스크 안의 고기 수프에는 한 달이 지난 후에도 미생물이 생기지 않았어.

파스퇴르는 이 플라스크를 기울여서 고기 수프가 구부러진 목 부분까지 흐르게 했다가 다시 원래 위치로 돌려놓았지. 그러자 플라스크 목 부분에 있던 물이 플라스크 안으로 들어가 버렸고 얼마 지나지 않아 고기 수프가 썩기 시작했어.

〈파스퇴르의 실험〉

1. 고기 수프를 플라스크에 넣고 플라스크 목 부분을 길게 늘려 S 모양으로 구부린 다음 고기 수프를 끓인다.
2. 수프를 끓일 때 나온 수증기가 플라스크 목 부분을 지나면서 물방울이 맺히고, 플라스크가 식으면 플라스크 목 부분에 물이 고인다.
3. 이 플라스크 안의 고기 수프에는 한 달이 지난 후에도 미생물이 생기지 않았다.
4. 플라스크를 기울여서 고기 수프가 구부러진 목 부분까지 흐르게 했다가 다시 원래 위치에 놓는다.
5. 얼마 지나지 않아 고기 수프에 미생물이 생겨 부패한다.

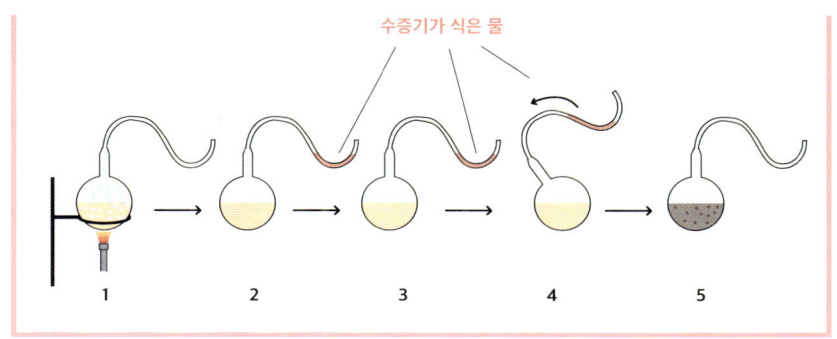

 이 실험은 플라스크 바깥에 있는 미생물이 플라스크의 구부러진 목 부분에 있는 물에 막혀 플라스크 안으로 못 들어갔기 때문에 고기 수프에 미생물이 생기는 것이 아니는 것을 보여 주었어. 파스퇴르는 모든 생물이 저절로 생기는 것이 아니라 반드시 기존 생물로부터 발생한다는 것을 증명한 거야. 이 실험으로 사람들은 자연 발생설이 틀렸고 생물 속생설이 옳다는 것을 알게 되었어.

최초의 유기물

　　모든 생물은 원래 있던 생물로부터 발생한다는 생물 속생설이 옳다면 이런 질문이 떠오를 거야.

"그렇다면 제일 처음 생명은 어떻게 된 걸까? 아무것도 없이 어떻게 생겨날 수 있지?"

맞아. 이 의문을 풀려면 먼저 생명체를 이루는 유기물이 어떻게 생겼는지부터 알아야 해.

생명의 시작은 38억 년 전으로 거슬러 올라가야 해. 당시 지구는 지금과 전혀 다른 세상이었어. 산소가 없었고, 바다는 뜨거웠으며, 하늘에서는 끊임없이 운석과 혜성이 날아와 충돌하는 곳이었지. 생명이 살 수 있는 환경이 전혀 아니었고 무기물만 가득한 곳이었어. 이것을 원시 지구라고 해. 이런 곳에서 어떻게 유기물이 생겼고 생명체가 탄생했을까?

1920년대 러시아의 화학자 알렉산드르 오파린은 원시 지구의 대기가 지금의 목성과 비슷하지 않을까 생각했어. 그러니까 원시 지구도 목성의 대기처럼 메탄, 암모니아, 수소, 수증기로 이루어졌다고 추측했지. 그러면서 이런 대기 성분들이 서로 반응해 첫 번째 유기물이 생겼고, 이 유기물들이 바다에 쌓이면서 생명체가 탄생했을 거라는 가설을 내놓았어.

1953년, 미국의 화학자 스탠리 밀러는 스승인 해럴드 유리와 함께 오파린의 가설이 사실인지 아닌지 밝히는 실험을 했어. 밀러와 유리는 둥근 그릇 안에 메탄, 암모니아, 수소와 수증기를 넣고 그릇 안을 원시 지구의 대기와 비슷한 상태로 만들었지. 그리고 원시 지구에서 자주 일어났으리라 추측되는 번개를 대신해 그릇 안에 불꽃 방전을 일으켰어.

실험은 일주일 동안 계속되었어. 일주일 뒤 단백질의 구성 성분인 아미노산과 같은 유기물이 생긴 것을 발견했어. 이 실험은 오파린의 가설에 힘을 보태 주었어. 하지만 원시 지구의 대기 성분을 어떻게 정하

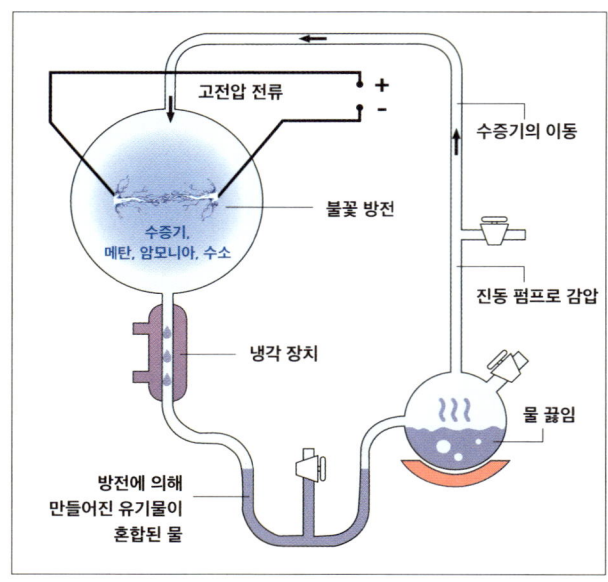

밀러-유리의 실험 장치

느냐에 따라 실험 결과가 각각 달라졌지. 그러다 보니 실험 결과가 의미 없다고 생각하는 과학자들도 있었어. 원시 지구의 대기가 어떤 성분으로 이루어졌는지 아무도 정확히 알 수 없었거든.

외계에서 온 유기물

우주 공간에서 별과 별 사이에 있는 분자를 '성간 분자'라고 하는데, 지금까지 140여 종이 발견되었어. 놀랍게도 성간 분자 중에 단백질의 구성 성분인 아미노산이 있는 거야. 지구에 떨어진 운석에서도 이 분자가 발견되었지. 심지어 운석에서 DNA의 성분이 발견되기도 했어. DNA는 생물의 유전 정보를 저장하는 물질이거든. 그렇다면 지구 생명의 시작이 외계에서 온 것이 아닐까?

최근 실험에 의하면 원시 지구에 존재했던 물질에 레이저로 강한 충격을 주자 생명체의 유전 물질인 DNA 성분이 만들어졌다고 해. 원시 지구에는 수많은 운석이 쏟아져 들어와 충돌했는데, 강력한 레이저 충격이 운석 충돌을 대신한 거야. 이 실험 결과는 운석 충돌의 충격으로 발생한 에너지가 원시 지구 물질에 화학 반응을 일으켜 DNA 구성 성분을 만들 수 있다는 사실을 알려 줬지. 어쩌면 이렇게 해서 최초의 생명이 시작되었을지도 몰라.

열수 분출공 생명 기원설

요즘 새롭게 떠오르는 생명의 기원은 '열수 분출공 생명 기원설'이야. 열수 분출공이 도대체 뭘까? 아주 깊은 바닷속에서는 바닷물이 바다 밑바닥 틈 사이로 스며 들어갈 수 있는데 이렇게 스며 들어간 바닷물은 지구 안쪽의 마그마 때문에 뜨겁게 데워지지. 그러면 주변 암석에 있는 금속 성분이 물에 녹게 돼. 이 뜨거운 바닷물은 지각의 갈라진 틈을 통해 다시 솟구쳐 올랐다가 차가운 바닷물을 만나 뜨거운 물에 녹아 있던 물질이 식어 가라앉으면서 굴뚝 모양을 만들지. 굴뚝은 시간이 흐르면서 점점 커지는데, 이것을 열수 분출공이라 해.

해저를 직접 탐험할 수 없었던 오래전에는 사람들 대부분이 햇빛이 도달하지 못하는 깊은 바다에는 생물이 살지 못할 것으로 생각했어. 그런데 기술이 발달해 깊은 해저를 직접 탐험하면서 과학자들은 열수 분출공 주변에 사는 많은 생물을 발견했지. 과연 그 이유가 무엇일까?

연구 결과, 열수 분출공 주변에 있는 화학 합성 박테리아들 때문이었어. 열수 분출공에서 뿜어 나오는 뜨거운 바닷물에는 황화 수소가 많이 들어 있는데, 그 때문에 태양 빛 없이도 유기물을 합성할 수 있었던 거야. 이 박테리아들이 다른 생물의 먹이가 되면서 열수 분출공 주변에 생태계가 만들어졌거든. 그래서 일부 과학자들은 해저 열수 분출공이 생명의 시작을 가져왔다고 생각해.

최초의 생명체

그렇다면 유기물이 처음 생긴 후 어떤 과정을 걸쳐 생명체가 탄생했을까? 과학자들은 이렇게 추측하고 있어.

지구에 만들어진 여러 가지 유기물은 빗물에 씻겨 호수나 바다 등에 모이고 점차 쌓여 갔어. 그러면서 단백질이나 핵산과 같이 좀 더 큰 덩어리의 유기물로 발전했지. 이 유기물들은 서로 결합해 덩어리를 이루었고, 스스로 분열을 하고 외부와 물질을 주고받으면서 점차 세포의 모양을 갖추기 시작했다고 말이야.

생물의 발전

지구 최초의 생명체가 언제 어떤 모습으로 나타났는지 아무도 정확히 알 수는 없어. 하지만 현재 지구에 남은 흔적을 조사하고 연구해 추측할 수는 있지. 과거에 살았던 생물의 흔적이 암석이나 지층 속에 남은 것을 '화석'이라고 하는데, 화석을 이용하면 과거에 살았던 다양한 생물의 모습을 알 수 있어.

그런데 화석에 대해 알려면, 먼저 지구 지층의 나이에 대해 알아야 해. 과학자들은 지구에 지층이 만들어졌던 시기부터 현재까지의 지층을 시대별로 구분하는데, 각 지층에 따라 나오는 화석들이 다르므로 화석으로 지질 시대를 구분할 수 있어. 지질 시대는 크게 선캄브리아대, 고생대, 중생대, 신생대로 나누지.

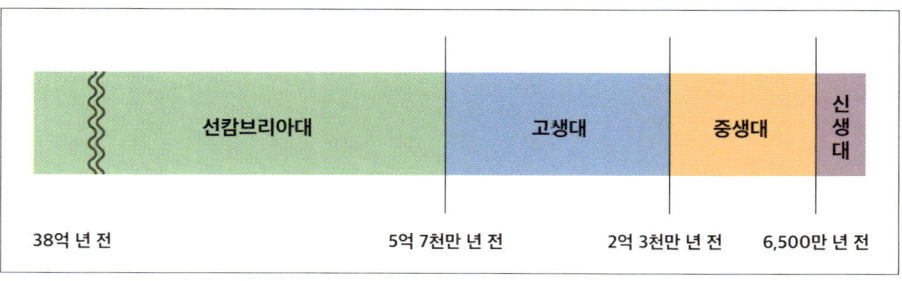

최초의 생명체는 원핵생물

과학자들은 지구상에 처음으로 나타난 생명체는 단세포 생물인 원핵생물이라고 추측하고 있어. 원핵생물은 물속에 있는 영양분을 먹으며 급격하게 번성했지.

여기서 잠깐! 호흡에 대해서 알아야 해. 보통 호흡이란 숨을 쉰다는 뜻으로 쓰이지만, 생물학에서 말하는 호흡은 좀 더 복잡해. 생물이 밖으로부터 산소를 들이마시고, 그 산소를 이용해 몸속의 영양분을 분해해서 에너지를 얻는 것까지를 호흡이라고 하지. 현재 지구상의 생물 대부분은 이런 호흡으로 생활에 필요한 에너지를 얻고 있어. 사람도 마찬가지고. 그런데 지구에 생명체가 나타나기 시작했을 때는 산소가 없었기 때문에 원핵생물은 산소 없이 호흡을 했어. 이런 호흡을 '무산소 호흡'이라고 하지.

원핵생물이 점점 많아지고 종류가 늘어나자 먹이가 부족해졌어. 그러자 원핵생물 중 일부가 스스로 영양분을 만들어 낼 수 있는 생물로 진화했어. 스스로 영양분을 만들어 내는 방법은 바로 광합성이었지. 광합성을 시작한 원생생물은 당시 대기와 바다에 풍부했던 이산화탄소와 물, 그리고 빛을 이용해 영양분을 스스로 만들어 내고 산소를 배출했지. 이렇게 광합성을 한 대표적인 원생생물이 바로 남세균이야. 일부 남세균은 산소 호흡까지 할 수 있었지.

그런데 산소는 당시 생물에게 해로운 물질이었어. 그래서 산소 호흡을 할 수 있는 생물이 번성하고 산소에 적응하지 못한 많은 생물은 멸종하고 말았지. 가장 오래되었다고 알려진 화석이 바로 남세균이 만든 화석이야. '스트로마톨라이트'라고 부르는데 약 35억 년 전에 만들어졌지. 아무리 봐도 생물 같은 모습은 보이지 않는다고? 단세포 생물은 눈에 보이지 않을 정도로 작아. 그런데 어떻게 화석을 남겼을까? 단세포 생물은 많은 수가 한곳에 모여 군집을 이루었어. 이 화석은 남세균

스트로마톨라이트 화석

의 군집이 화석으로 남은 거야. 이들 덕분에 지구에는 산소가 늘어나기 시작했고 약 6억 년 전에는 공기 중의 산소가 지금의 10% 정도 되었다고 해.

진핵생물의 탄생

지구 대기에 산소가 많아지면서 생명체들은 이제 산소 호흡을 했어. 산소 호흡을 하는 생물은 무산소 호흡을 하는 생물보다 많은 에너지를 얻을 수 있었기 때문에 더 번성할 수 있었지. 그러면서 매우 다양한 생명체가 나타났어.

21억 년 전 처음으로 세포 내부에 막으로 둘러싸인 핵을 가진 진핵생물의 조상인 원시 진핵생물이 나타났어. 이들은 세포 내부에 다른 기관도 갖고 있었지. 크기도 원핵세포보다 훨씬 커졌어.

그러던 중 원시 진핵생물 중 하나가 산소 호흡을 하는 원핵생물 하나를 잡아먹었는데, 소화가 되지 않고 원시 진핵생물 안에 그대로 살아남는 행운이 일어났지. 이때부터 그 원핵생물은 자신을 삼킨 원시 진핵생물에게 에너지를 주고 원시 진핵생물로부터 안전한 장소와 에너지 생산에 필요한 영양분을 받으면서 서로 공생하게 되었어. 이렇게 효율적으로 공생을 하면서 진핵생물은 다른 생물보다 더 번성할 수 있었어. 원핵생물은 진핵생물 안에서 자리를 잡고 '미토콘드리아'라는 세포 기관이 되었지. 이것이 바로 과학자들이 추리한 세포 안에 있는 미토콘드리아의 유래야.

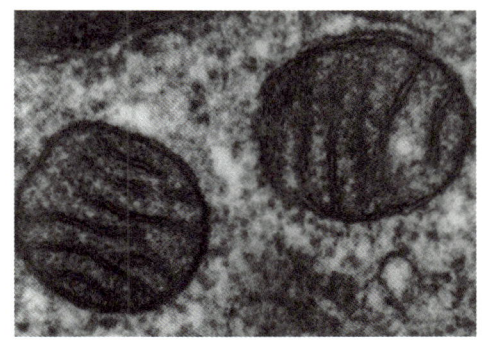

미토콘드리아

과학자들은 증거로 미토콘드리아의 구조를 들고 있어. 진핵생물은 유전 물질이 핵에 모여 있는데, 미토콘드리아도 세포 내 다른 기관과 달리 자신만의 유전 물질을 가지고 있지. 게다가 미토콘드리아 유전 물질 구조가 원핵생물의 유전 물질 구조와 닮았어. 또 미토콘드리아를 감싼 막의 구조도 세포 내 다른 기관과 달리 원핵생물을 둘러싼 막의 구조와 비슷해. 미토콘드리아를 갖게 된 진핵생물은 세포 안에 에너지 생산 공장을 갖게 되면서 더 복잡한 생물로 발전할 수 있는 기회를 얻게 된 거야.

유성 생식의 이유

덩치가 커진 진핵생물은 덩치 때문에 원핵생물보다 세포

분열 속도가 느렸어. 단세포 생물은 세포 분열 속도가 느리면 진화하는 데 불리해. 진화에 유리하려면 환경에 잘 적응하는 개체들이 많이 나와야 하는데, 단세포 생물은 몸을 둘로 나누는 세포 분열을 통해 수를 늘려 갔기 때문이야. 세포 분열 속도가 빨라 개체 수가 빨리 늘어날수록 모습이나 능력이 다른 개체가 나타날 확률이 높고, 그만큼 환경에 잘 적응하는 개체가 생겨날 기회도 많거든. 여기서 개체는 생명체 하나하나를 뜻하는 생물학 용어야. 생명 과학을 공부할 때 자주 나오는 말이니까 잘 기억해 둬.

그러자 진핵생물은 다른 방법을 택했어. 단순한 세포 분열 대신 두 개체의 유전자 세트를 각각 물려받은 새로운 후손을 만드는 방법이었어. 이것을 '유성 생식'이라고 하지.

유성 생식을 하는 생물의 후손은 부모 유전자를 섞어 다양한 조합으로 물려받게 되므로 세포 분열을 통해 개체 수를 늘리는 방법보다 더 다양한 모습과 능력을 가질 수 있어. 그러면 환경에 잘 적응할 수 있는 개체가 나올 확률이 더 높고, 그만큼 진화에 더 유리해지지.

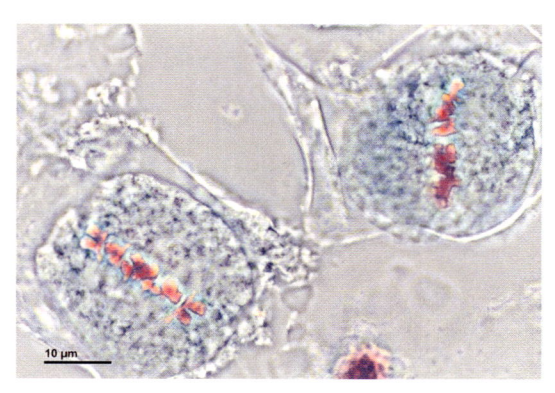

세포 분열 모습

다세포 생물의 등장

진핵생물이 유성 생식을 시작한 덕분에 진화 속도가 빨라졌어. 여러 개의 진핵생물이 뭉쳐서 다세포 생물이 되고, 뭉쳐진 진핵생물은 각기 다른 기능을 갖도록 진화했어. 그러면서 다양한 모양의 다세포 생물이 나타났지. 말하자면 다세포 생물은 단세포 진핵생물들의 연합체라고 할 수 있어. 다세포 생물로 뭉쳐진 진핵생물은 단세포 생물로 활동했을 때보다 더 안전하게 살아남을 수 있고, 다세포 생물의 큰 몸집 덕분에 먹이를 잡을 때도 유리했거든.

시간이 흐르자 바닷속에 수많은 생물이 생겨났어. 여러 가지 모양의 연체동물도 나타났고, 연체동물로부터 최초의 척추동물이 생겨났어.

식물이 움직이지 않는 이유

엽록체를 갖게 된 단세포 진핵생물 중 일부가 다세포 생물인 조류로 진화했고, 조류로부터 식물이 진화했어. 약 4억 5000만 년 전에 최초의 식물이 땅으로 올라왔지. 당시 땅은 평평했고 기온은 온화했어. 식물들은 마음 편히 자손을 늘리며 번성할 수 있었지.

만약 곰팡이가 없었으면 식물들이 땅에 적응하기 힘들었을 거야. 지금도 식물은 곰팡이의 도움 덕에 살아가거든. 식물 대부분은 뿌리에 곰팡이가 살고 있는데, 곰팡이가 흙에서 무기 영양물질을 빨아들여 일부를 식물에게 전달해 주지. 대신 곰팡이는 붙어살 수 있는 장소를 얻고 식물이 광합성을 통해 만든 탄수화물을 영양분으로 쓰지. 과학자들은 식물이 처음 땅으로 올라왔을 때도 곰팡이의 도움을 받아 흙에 적응했다고 추측하고 있어.

그런데 궁금한 것이 있어. 식물은 어떻게 다른 생물과 달리 한곳에서 생활을 하게 되었을까?

생물이 몸을 움직이는 데는 많은 에너지가 필요해. 식물의 조상이었던 생물은 광합성만으로는 움직이는 데 필요한 에너지를 충분히 얻기 힘들었던 거야. 그래서 움직이는 것을 포기하고 효율적으로 광합성을 하기 위해 햇빛에 노출된 채 가만히 있게 되었지. 대신 더 많은 햇빛을 받기 위해 무성한 잎을 키웠어. 그러면서 그 잎들을 지탱하기 위해 줄기와 가지가 생겨났고 땅속으로 뿌리도 내렸어.

동물의 진화

식물이 땅으로 올라오고 얼마 지나지 않아 동물도 땅으로 올라왔어. 해양 무척추동물 중 일부가 땅으로 올라와서 곤충으로 진화했지. 그리고 척추동물인 어류의 한 종류가 뼈를 가진 튼튼한 지느러미를 갖게 되고, 그것을 이용해 물 밖으로 나왔어. 이 무리는 양서류로 진화했지. 양서류는 축축하고 연약한 피부를 가졌고 물속에서 알을 낳아야 했으므로 주변에 물이 없으면 살기 어려웠어. 그리고 약 3억 년 전쯤 양서류 중 일부가 땅 위에 알을 낳고 비늘로 덮인 튼튼한 피부를 가진 동물로 진화했어. 그것이 바로 파충류란다.

파충류 중 한 무리가 바로 공룡이야. 공룡은 중생대에 지구에서 가

시조새 화석

장 번성했던 동물이었지. 그런데 몸집이 작은 공룡 무리 중 하나가 일어서서 뒷다리로 걸었어. 이러한 걸음걸이 때문에 앞다리로 다른 것을 할 수 있었지. 그들은 나무 위에 올라가 나는 동물로 진화했어. 그러면서 깃털과 날개를 발달시켰지. 1억 5000만 년 전 화석에서 발견된 시조새는 파충류의 특징과 조류의 특징을 모두 갖고 있는데 파충류에서 조류로 진화하는 과정에 있던 동물이라고 보면 돼.

 포유류도 파충류의 한 종류에서 진화했어. 파충류에서 진화한 포유류는 겨우 작은 쥐 정도의 크기로 곤충을 잡아먹으며 살았어. 공룡이 지배했던 중생대 동안 포유류는 진화를 계속했지만, 공룡의 위세에 눌려 몸집을 키우지 못했고 다양한 종류로 발전하지도 못했어. 하지만 중생대 말기에 갑자기 공룡들이 멸종하자 포유류는 급격하게 발전을 시작했지. 이때 다양한 종류의 포유류가 나타났는데, 그중에는 몸집이 큰 종류도 있었어. 또 신생대는 기후의 변화가 컸기 때문에 체온을 언제나 일정하게 유지할 수 있었던 포유류가 더욱 번성할 수 있었단다.

화석은 어떻게 생겨났을까?

화석이 만들어지려면 다음과 같은 과정을 거쳐야 해. 우선 생물이 죽은 후 짧은 시간 안에 그 유해 위로 진흙이나 모래와 같은 퇴적물이 덮여야 하지. 주로 호수나 바다 밑바닥에서 여러 겹으로 퇴적물이 쌓여 지층을 이루게 돼. 지층의 높은 열과 압력을 받으면 유해는 화석으로 변해 가지.

이때 생물의 유해가 완전히 분해되어 없어지고 외형만 남는 경우가 있고, 생물의 유해가 다른 물질로 변해 암석처럼 되는 경우도 있어. 땅속에 묻힌 화석을 어떻게 발견하냐고? 화석이 만들어진 지층이 지각 변동으로 위로 솟아오른 후, 바람이나 비에 의해 지층이 깎여 나가면 안에 있던 화석이 드러나 사람들에게 발견되는 거야.

호박

아주 오래전에 살았던 생물이 완전한 모습 그대로 화석이 된 경우도 있어. 자연에 존재하는 천연 방부제가 우연히 죽은 생물을 덮어 썩는 것을 막으면 이런 화석이 만들어지지.

예를 들어 나무에서 분비되는 끈끈한 액체인 수지가 화석이 된 경우를 '호박'이라고 하는데, 이 호박 속에서 드물게 곤충이 발견되기도 하거든. 굳지 않은 수지에 곤충이 파묻혔고 수지가 천연 방부제 역할을 했기 때문에 호박 속의 곤충은 완전한 상태로 보존된 거야.

석유와 석탄도 화석이라고?

현재 우리가 가장 많이 사용하는 연료인 석탄과 석유, 천연가스도 지각에 파묻힌 동물과 식물이 오랫동안 화석화되면서 만들어진 거야. 그래서 이것을 '화석 연료'라고 불러.

석탄은 수억 년 전에 식물이 땅속에 묻힌 후 그 위로 퇴적물이 계속 쌓이면서 높은 열과 압력을 받아 만들어지고, 석유는 주로 따뜻한 바다에 살았던 미생물의 흔적이 땅속에 묻힌 후 퇴적물이 계속 쌓이면서 열과 압력을 받아 만들어지는 거야.

4장

생명의 진화란 무엇일까?
— 다윈과 진화론

진화에 대한
여러 가지 생각들

세상은 보이지 않을 정도로 작은 생물에서 시작해 진화를 거쳐 지금은 헤아리기 힘들 정도로 많은 종류의 생물로 가득해. 사람들이 생물이 진화한다는 것을 눈치챈 것은 그리 오래전 일이 아니야. 18세기 이전만 해도 대부분의 사람들은 신이 모든 생물을 창조했다는 '창조론'을 믿었어. 그리고 생물은 그 모습 그대로 절대 변하지 않는다고 생각했지.

라마르크의 용불용설

1809년, 프랑스의 박물학자인 장 바티스트 라마르크는 《동물 철학》이라는 책에서 생물종이 변화하는 기본 원리를 처음으로

장 바티스트 라마르크

밝혔어. 라마르크는 진화가 일어나는 두 가지 법칙을 주장했는데 '용불용설'과 '획득 형질의 유전'이야.

용불용설은 어떤 기관을 다른 기관보다 더 자주 사용하면 점차 강해지고 발달하지만 반대로 오랫동안 사용하지 않으면 점차 약해지고 기능도 쇠퇴해 결국 사라진다는 거야.

용불용설을 설명하기 위해서 라마르크는 기린의 목이 늘어나는 과정을 예로 들었어. 원래 기린은 목이 길지 않았기 때문에 땅에서 자라는 풀을 뜯어 먹고 살았는데, 가뭄이 들어 풀이 모두 말라 죽자 목을 위로 뻗어 나뭇잎을 먹기 시작했다는 거야. 처음에는 낮은 가지의 나뭇잎을 먹었는데, 양이 부족해지자 점점 높은 가지에 있는 잎까지 목을 늘여야 했지. 높은 가지를 향해 계속해서 목을 뻗으면서 기린의 목이 점점 늘어났다는 주장이야.

획득 형질의 유전은 환경 변화에 적응하다가 생긴 생물체의 변화는 다음 세대로 전달된다는 거야. 예를 들어 원래 목 짧은 기린이 목을 많이 사용하면서 목이 길어졌고, 목이 길어진 기린이 새끼를 낳으면, 그 새끼도 긴 목을 갖는다는 거지. 새끼도 높은 곳의 나뭇잎을 뜯어 먹기 위해 계속해서 목을 뻗으면서 기린의 목이 점점 길어졌다고 라마르크는 생각했어.

결국 환경이 바뀌면 생물의 행동이 바뀌고, 이것이 생물체의 특정 기관을 발달시키거나 퇴화시킨다는 거지. 그리고 이렇게 바뀐 성질이 그대로 자손에게 전해지고 시간이 흐르면서 뚜렷한 형태의 변화가 나타난다는 거야. 그 결과로 생물의 진화가 일어난다는 이론이지.

그런데 라마르크의 이론은 증명할 길이 없었기 때문에 과학계에서 외면당했고, 종교계에도 큰 파문을 일으켰어. 무신론자라는 비난을 받으며 가난하고 어렵게 살았지. 나이 들어서는 시력까지 잃고 쓸쓸하게 세상을 떠나고 말았어.

획득 형질이 유전된다는 라마르크의 생각은 현대 과학으로 보면 분명히 틀린 생각이야. 왜냐하면 열심히 노력해서 복근을 가진 부모가 아이를 낳으면 그 아이도 복근을 가지고 태어나야 하는데 그렇지 않잖아. 하지만 생물의 진화를 체계적으로 설명하려고 한 최초의 과학자였다는 점에서 큰 의의가 있어.

《종의 기원》과 다윈

1859년, 찰스 다윈이 《종의 기원》을 펴내면서 진화론을 주장하자 사람들은 큰 충격을 받았어. 신이 생명을 만들었고 한번 만들어진 모습이 영원히 변하지 않는다고 믿어 왔는데 그게 아니라니 너무 놀랐던 거지. 다윈의 진화론은 인간과 세상을 보는 관점을 완전히 뒤바꿔 놓았기 때문에 혁명이라고 할 수 있어.

다윈은 대학에서 과학이 아닌 신학을 공부하던 사람이야. 성직자가 되려고 했던 그가 어떻게 해서 생물이 진화한다는 이론을 발표했을까?

다윈의 어린 시절

다윈은 1809년 2월 12일 영국에서 의사의 막내아들로 태어났어. 다윈의 할아버지는 과학자이면서 철학자였는데 영국 왕의 주치의를 맡을 정도로 실력을 갖춘 의사였지. 다윈은 어릴 때부터 무엇이든 기록하는 취미가 있었고 일기도 꾸준히 썼어. 식물이나 새알, 광물 등을 수집하는 일에 푹 빠져 지냈지.

찰스 다윈

그는 열여섯 살에 아버지의 권유로 에든버러대학 의학과에 입학했어. 하지만 의학 공부에 흥미를 느끼지 못했지. 결국 피가 튀는 수술 장면을 보고 큰 충격을 받아 의사가 되는 것을 포기했어. 그리고 다시 아버지의 권유로 케임브리지대학 신학과에 입학했어. 이번에는 성직자가 되려 한 거야. 그런데 다윈은 대학에서 신학을 공부하면서도 생물학에 관심이 많았어. 특히 딱정벌레에 관심이 많아 수많은 딱정벌레를 수집하고 분류했으며, 식물학 수업을 좋아했지. 그러다가 식물학 교수의 권유로 지질학을 공부하기 시작했어.

탐사선 비글호를 탄 다윈

다윈은 신학 대학을 졸업했지만 목사가 되는 길을 선택하지 않았어. 동물학과 식물학 등에 더 관심이 많았기 때문이야. 마침 영국 해군에서는 탐사선 비글호에 탑승해 동행할 박물학자를 찾고 있었어. 박물학자는 자연에서 발견되는 광물과 동식물의 종류와 성질, 분포 등을 기록하고 정리하며 분류하는 학자야.

다윈은 강하게 반대하는 아버지를 설득하고 비글호에 올라탔지. 새로운 세상을 만난다는 들뜬 마음을 갖고 말이야. 비글호는 영국 플리머스 항구를 출발해 브라질, 아르헨티나, 포클랜드 제도, 우루과이, 칠레, 페루 등을 거쳤고, 다윈은 각 지역의 동식물을 수집하고 지질을 관찰하며 화석 모으는 일을 했어. 특히 갈라파고스 제도에서 만난 핀치새들은 진화론을 연구하는 데 큰 도움이 되었지. 그는 비글호를 타고 탐사를 하는 동안 일어난 일을 모두 기록했을 뿐만 아니라 과학적 관찰 내용과 자신의 느낌까지 꼼꼼히 기록했어.

《종의 기원》

다윈은 5년 동안 비글호를 타고 탐사를 한 후에 1836년 영국으로 돌아왔어. 다윈은 영국에서 유명 인사가 되었지. 그가 가지고 온 표본들이 주목을 받았기 때문이야. 다윈은 자신의 기록을 모아 《비글호 항해기》라는 책을 펴냈어.

그리고 자료를 토대로 본격적으로 연구를 시작했어. 집 정원에 동물과 식물을 키우면서 실험과 관찰을 계속했고, 사육사와 원예가들을 찾아다니며 의견을 들었지. 1844년, 마침내 논문을 완성했어. 하지만 자신의 주장이 창조론을 믿는 당시 사람들에게 비난을 받을 수 있다고 생각하고는 발표하지 못한 채 더 많은 증거를 모으기 위해 노력했지.

앨프레드 러셀 월리스

그렇게 14년이 지난 1858년 어느 날, 다윈은 앨프레드 러셀 월리스가 보내온 짧은 논문을 읽었어. 그 논문에는 자신이 연구하고 있는 것과 비슷한 내용이 담겨 있었지. 월리스도 다윈과 같은 연구를 하고 있었던 거야. 이러다가 자신의 연구 결과를 빼앗기겠다고 생각한 다윈은 월리스에게 함께 논문을 발표하자고 했지. 결국 두 사람은 논문을 함께 묶어 학회에 보냈어. 재미있는 사실은 논문 발표회장에서는 누구도 다윈과 월리스의 논문에 관심을 갖지 않았다는 거야.

진화론에 대한 연구는 다윈과 월리스가 함께 발표했는데 왜 다윈만 진화론을 주장한 인물로 유명해진 걸까? 다윈은 자신이 하고 있는 연구에 대해 여러 사람에게 알렸기 때문에 많은 사람들이 알고 있었고 《비글호 항해기》를 출간한 데다 논문 발표 이듬해 《종의 기원》도 출간했기 때문이야.

다윈의 진화론

다윈은 갈라파고스 제도의 19개 섬에서 13종의 핀치새를 채집했어. 핀치새는 참새 무리에 속하는 작은 새야. 그는 갈라파고스 제도에 있는 섬마다 조금씩 다른 모양의 핀치새가 살고 있다는 것을

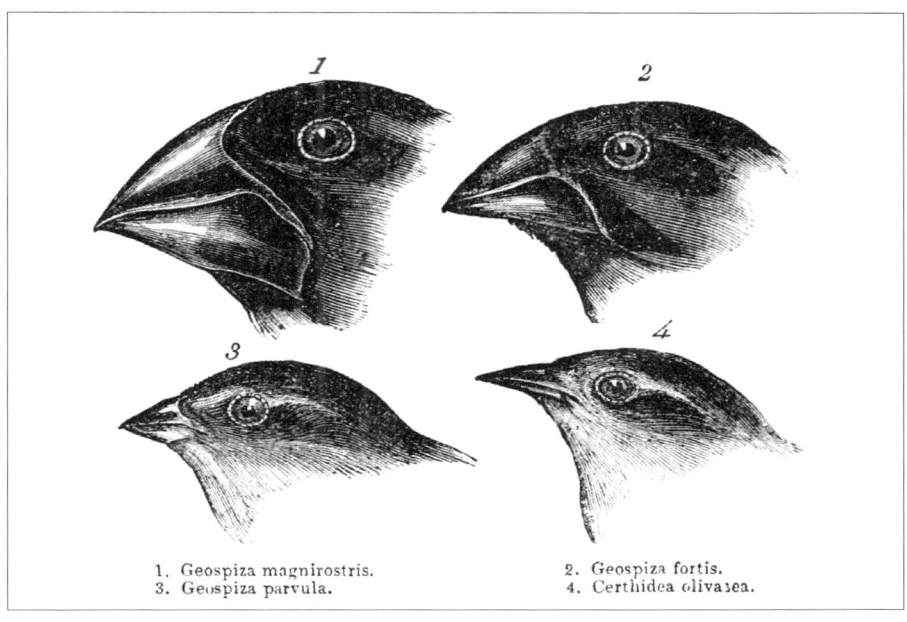

《종의 기원》에 실린 핀치새 그림

알아냈지. 사는 곳과 먹이에 따라 몸의 색깔과 부리 모양이 달랐던 거야. 식물의 씨를 주로 먹는 핀치새는 부리가 굵고 튼튼했고, 숲속에서 곤충을 잡아 먹는 핀치새는 부리가 가늘고 날카로웠지.

다윈은 갈라파고스 제도가 아메리카 대륙보다 훨씬 나중에 생겼고 동물이 살기 시작한 건 그리 오래되지 않았으며 대부분 남아메리카 대륙에서 옮겨 왔다고 생각했어. 그리고 동물들이 갈라파고스 제도의 섬에 갇혀 살면서 다른 모습으로 변해 갔다고 판단했지. 다윈은 먹이와 생활 환경에 따라 핀치새의 부리 모양이 다른 것을 보고 진화론의 단

서를 발견했어. 여기에서 시작한 연구로 진화론을 완성할 수 있었지.

다윈의 진화론을 이해하려면 '변이'에 대해서 알아야 해. 변이는 같은 종류의 생물이라도 각각 조금씩 다른 모습을 띠고 있는 것을 말해. 사람들도 키가 큰 사람, 작은 사람, 눈이 큰 사람, 작은 사람 등 모습이 다 제각각이잖아. 그런데 이러한 변이가 환경에 따라 살아가는 데 유리할 수도 있고 불리할 수도 있어. 다른 구성원들과 치열하게 경쟁하며 살아가는 야생에서는 경쟁에 유리한 변이를 가진 구성원이 다른 구성원보다 더 많이 살아남을 수 있지. 이것을 자연 선택이라고 해.

앞에서 말한 갈라파고스 제도의 핀치새를 예로 들어 볼게. 숲속에서는 가늘고 날카로운 부리를 가진 핀치새가 다른 핀치새보다 곤충을 잡는 데 더 유리해. 그래서 가늘고 날카로운 부리를 가진 핀치새가 많은 먹이를 차지하여 더 많이 살아남았지. 결국, 살아남은 핀치새는 번식을 통해 자신이 가진 변이를 자손에게 물려주게 돼. 섬에 갇혀 살면서 오랜 기간 이런 과정이 계속되면 변이는 점점 뚜렷해져서 다른 섬의 핀치새와 다른 종류가 될 수 있어. 이러한 과정을 통해 새로운 종의 진화가 일어난다는 것이 다윈 진화론의 중요 내용이야.

진화론의 발전

다윈의 《종의 기원》은 출간되자마자 큰 주목을 받았어. 논쟁도 많이 일어났지. 과학자들은 생물의 진화가 일어난다는 것에는 동의하지만 다윈의 진화론에는 허점이 많아서 보완이 필요하다고 생각했어. 특히 다윈은 변이가 일어나는 원인을 제대로 설명하지 못했거든. 그는 부모에게서 자식에게 전해지는 입자가 조금씩 변화를 일으켜서 변이가 생긴다고 주장했는데, 과학자들은 그 사실을 믿지 않았지. 결국 다윈의 생각을 뒤집는 새로운 이론이 등장했어. 바로 휘호 더프리스의 '돌연변이설'이야.

더프리스의 돌연변이설

네덜란드 암스테르담대학의 교수인 더프리스는 빨간 꽃을 더욱 빨갛게 만들려고 빨간 꽃만 교배해서 키웠지만 별 성과를 얻지 못했어. 그러던 중 조금씩 변이가 쌓이는 것보다는 갑자기 일어나는 돌연변이로 새로운 종이 생길 수 있다고 생각했지. 그는 자신의 생각을 확인하기 위해 성장이 빠른 달맞이꽃으로 실험을 시작했어.

더프리스는 여러 종류의 달맞이꽃을 밭에 심었어. 얼마 뒤 밭에서 일곱 종류의 새로운 달맞이꽃을 발견했지. 그는 이 달맞이꽃을 계속 교배시켜 새로운 품종의 달맞이꽃을 만들었어. 지금까지 한 번도 본 적이 없던 품종이었어. 우연히 나타난 형질이 그대로 자손에게 유전되는 현상을 발견한 셈이지.

휘호 더프리스

1901년, 더프리스는 이 실험 결과를 정리해 생물 진화의 가장 중요한 원인은 돌연변이라고 주장했어. 그런데 그의 주장은 돌연변이를 지나치게 중요하게 생각했다는 오류가 있었지.

현재 과학자들이 주장하는 진화론에 의하면, 돌연변이에서 곧바로 새로운 종이 생기는 것이 아니라 돌연변이도 결국 자연 선택을 통해 새로운 종으로 발전할 수 있다고 해. 하지만 더프리스의 돌연변이설은 생물의 진화에서 돌연변이의 역할을 강조했다는 점에서 큰 의의가 있어.

오늘날의 진화론

오늘날에는 여러 가지 학설을 종합해 진화의 원리를 설명하고 있어. 예를 들어 같은 종류의 생물이 서로 다른 환경에서 떨어져 살게 된 다음 각자 돌연변이를 일으켜 서로 다른 모양이나 성질을 가질 수 있지. 그러면 서로 다른 환경에 적응하면서 자연 선택을 통해 환경에 맞는 모양이나 성질을 가진 것들만 남게 돼.

이와 같은 과정을 오랫동안 거치면서 서로 다른 유전자의 변화가 쌓여 결국에는 서로 교배할 수 없을 정도로 달라지게 되는 거지. 그러면서 서로 다른 종이 되는 거란다.

다윈의 진화론은 세상에 어떤 영향을 끼쳤을까?

《종의 기원》은 1859년 11월 24일 발간되자마자 단 하루 만에 초판이 모두 팔려 나갔어. 책의 내용이 너무나 충격적이었기 때문에 많은 관심을 받은 거야. 그런데 교회는 물론이고 수많은 지식인이 이 책을 비판했어. 수천 년 동안 지켜 왔던 신이 생명을 창조했다는 믿음이 무너질 위기에 놓였으니 당연한 반응이었지.

하지만 다윈의 진화론을 받아들이는 학자들도 있었어. 의사이자 박물학자였던 토머스 헨리 헉슬리는 틈만 나면 다윈의 진화론을 지지하는 글을 신문에 발표했고, '다윈주의'라는 새로운 말을 만들기도 했어. 결국 1860년 6월 30일 다윈의 진화론을 반대하는 사람들과 찬성하는 사람들이 공개적으로 논쟁하는 자리가 마련되었어. 이때 옥스퍼드 성공회 주교는 다윈을 지지하는 헉슬리를 조롱했어.

"헉슬리 씨, 말도 안 되는 말을 하는군요. 그렇다면 당신의 조상은 원숭이라는 건가요?"

그러자 화가 난 헉슬리도 이렇게 맞받아쳤지.

"뭐라고요? 교양 없이 그런 말을 하다니! 당신과 같은 사람이 되느니보다는 차라리 원숭이 후손이 되는 게 더 낫겠군요."

이 논쟁을 계기로 그 자리에 참석했던 사람들뿐만 아니라 일반인도 다윈의 진화론에 대해 이해하기 시작했다고 해.

그 후, 다윈은 《종의 기원》의 내용을 일부 수정하고 새로운 내용을 추가해 여섯 차례 새로 발간했고, 이 책은 전 세계로 번역되어 퍼져 나갔지. 시간이 지나면서 진화론은 많은 사람들의 지지를 받았어.

《종의 기원》이 발간된 후 150년이 지나는 동안 진화론은 인간과 세상을 보는 관점을 크게 바꿔 놓았고, 과학뿐만 아니라 학문과 종교, 사회에 엄청난 변화를 몰고 왔어. 이제 진화론은 하나의 학문으로 자리 잡았고, 생물학 이상의 의미를 갖게 되었지. 그리고 우리 일상생활에도 폭넓게 영향을 미치고 있단다.

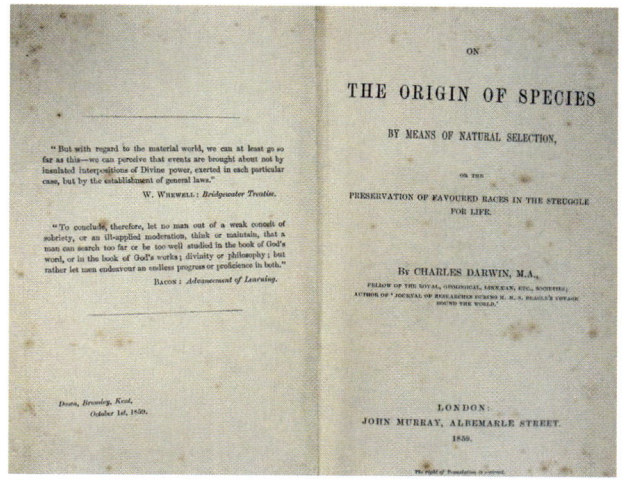

《종의 기원》 속표지

5장

유전의 비밀은 어떻게 밝혀졌을까?
― 유전자와 DNA

멘델과
유전 법칙

콩 심으면 콩 나고 팥 심으면 팥 나는 건 당연한 이치야. 그리고 자식이 부모 모습을 닮는 건 누구나 아는 자연의 섭리지. 이렇게 부모의 생김새나 특징이 자식에게 전해지는 현상을 '유전'이라고 해. 과학이 발달하기 전에는 유전이 일어나는 이유에 대해 궁금하게 생각하기만 했지 제대로 연구할 수가 없었어. 그래서 옛날 사람들은 유전의 궁금증을 철학적으로 풀려고 했지. 고대 그리스 철학자 데모크리토스는 이렇게 주장했어.

"동물 혈액 속에 원자와 같은 입자가 있는데, 아버지와 어머니 혈액 속에 있던 그 입자가 서로 섞여 자식에게 전해지므로 유전이 일어나는 것이다."

옛날 사람들은 부모의 특징이 섞여 중간 성질이 자식에게 나타난다고 믿었어. 자식이 부모 모습을 조금씩 닮았기 때문에 당시 사람들의 생각은 별로 놀라운 게 아니었지. 진화론을 주장했던 다윈도 이 생각에서 벗어나지 못했어. 다윈은 부모로부터 자식에게 전해지는 입자들이 부모의 신체 각 기관에서 만들어진다고 생각했지. 그리고 그 입자가 자손에게 전해져 신체 각 기관을 다시 만들어 낸다고 믿었어.

사람들이 이런 생각을 하고 있을 때, 유전에 대해 처음으로 과학적으로 접근한 사람은 오스트리아의 수도사였던 그레고어 멘델이야.

멘델의 완두콩 실험

농부의 아들로 태어난 멘델은 어릴 때부터 자연과 함께 자랐어. 생물학을 좋아해 계속 공부를 하고 싶었지만 어려운 가정 형편 때문에 대학에 가지 못하고 수도원에 들어가 수도사가 되었지. 하지만 수도사가 된 후에도 생물학에 대한 관심을 내려놓지 않았어. 그래서 신학을 공부하면서도 식물 공부를 게을리하지 않았지. 이러한 멘델의 노력에 감동한 수도원장은 그를 오스트리아 빈대학으로 보내 공부를 할 수 있도록 배려했어. 그는 수도원으로 다시 돌아온 후에도 생물학 연구를 계속했단다.

멘델은 부모의 특징이 섞여 중간 성질이 자식에게 나타난다는 당시의 믿음에 의문을 품었어. 그래서 실험을 통해 궁금증을 풀어 보기로 했지. 실험 재료는 완두였어. 완두는 기르기 쉬울 뿐만 아니라 짧은 시간에 많은 자손을 얻을 수 있으므로 실험 재료로 가장 적당했거든. 그

는 수도원 마당에서 여러 해 동안 완두를 재배하며 세 가지의 법칙을 발견했어.

우열의 법칙

그레고어 멘델

멘델은 완두를 재배하면서 완두콩의 색깔이나 콩깍지 모양 등에서 서로 뚜렷하게 대립하는 형질이 많다는 것을 알아냈어. 여기서 '형질'이란 '특성'과 비슷하다고 생각하면 돼. 예를 들어 노란색 완두콩과 그에 대립하는 형질인 녹색 완두콩이 한 쌍이고, 둥근 완두콩과 그에 대립하는 형질인 주름진 완두콩이 한 쌍이야. 멘델은 이 대립 형질 가운데 일곱 쌍을 선택해서 교배 실험을 했어.

멘델은 우선 둥근 완두콩은 둥근 완두콩끼리 계속 교배하고 주름진 완두콩은 주름진 완두콩끼리 계속 교배했어. 이렇게 같은 형질의 완두콩끼리 계속 교배를 하면 순종 완두콩을 만들 수 있지. 이 방법을 통해 멘델은 일곱 쌍의 대립 형질을 가진 순종 완두콩들을 만들어 냈어. 그리고 서로 대립 형질을 가진 순종 완두콩끼리 교배시켰어.

그 결과, 자손은 모두 둘 중 한 가지 형질만 나타났어. 예를 들면, 둥근 완두콩과 주름진 완두콩을 서로 교배시켰더니 자손이 둥근 완두콩만 나왔고, 노란색 완두콩과 녹색 완두콩을 교배시켰더니 자손이 노란색 완두콩만 나온 거야. 노란색과 녹색의 중간색이 나올 거라는 생각은 틀렸던 거지.

비로소 멘델은 그동안 품었던 의문을 풀 수 있었어. 완두콩 교배 실험에서 부모의 특징이 섞인 중간 성질이 자식에게 나타나는 것이 아니라 부모 한쪽의 형질만 나타났기 때문이야. 또 대립하는 형질에 우성 형질과 열성 형질이 있다고 판단했어. 그리고 우성 형질과 열성 형질을 교배시키면 잡종이 되는데, 겉모습은 우성 형질과 같다고 결론 내렸지. 예를 들어 완두콩에서는 노란색과 둥근 완두콩이 우성 형질이었던 거지. 이것을 '우열의 법칙'이라고 해.

분리의 법칙

멘델은 잡종끼리 다시 교배시켜 보았어. 그랬더니 자손 중에 우성 형질과 열성 형질의 비율이 3:1로 나왔지. 예를 들어 잡종 노란색 완두콩끼리 교배시키면 자손은 노란색 완두콩과 녹색 완두콩의 비율이 3:1로 나온 거야. 비율은 항상 같았어. 이것을 '분리의 법칙'이라고 해. 정리하면 잡종 1대에서는 우열의 법칙이 나타나고, 잡종 2대에서는 분리의 법칙이 나타나는 거야.

멘델은 이렇게 결론을 내렸어.

"서로 대립 형질을 가진 순종끼리 교배했을 때 잡종 1대에서는 우성 형질만 나오지만, 열성 형질을 만드는 인자는 없어지지 않고 잡종 속에 숨어 있다."

멘델은 이것을 설명하기 위해 알파벳을 사용했지. 예를 들어 우성

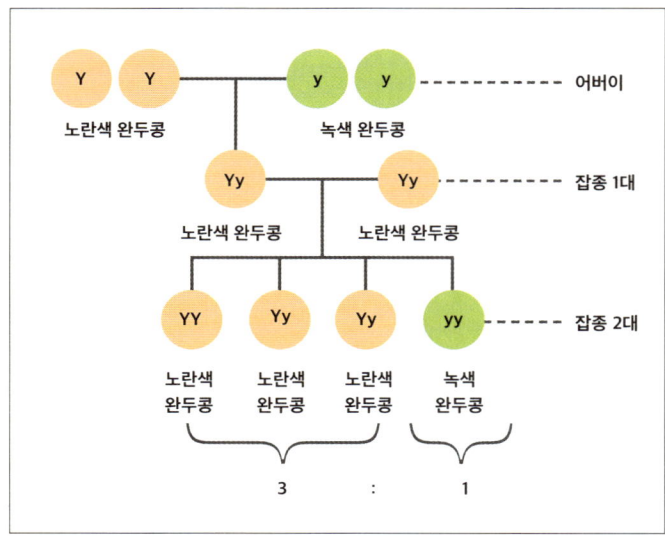

분리의 법칙

형질인 노란색 완두콩은 YY로 표시하고, 열성 형질인 녹색 완두콩은 yy로 표시했어. 그리고 이 둘이 교배해서 나온 잡종 자손인 노란색 완두콩은 Yy로 표시했지. 보이는 것은 우성 형질인데 열성 형질을 가졌다는 뜻이야.

독립의 법칙

멘델은 두 가지 이상의 대립 형질이 같이 유전되는 경우에는 어떻게 되는지도 실험해 보았어. 노란색의 둥근 완두콩 순종과

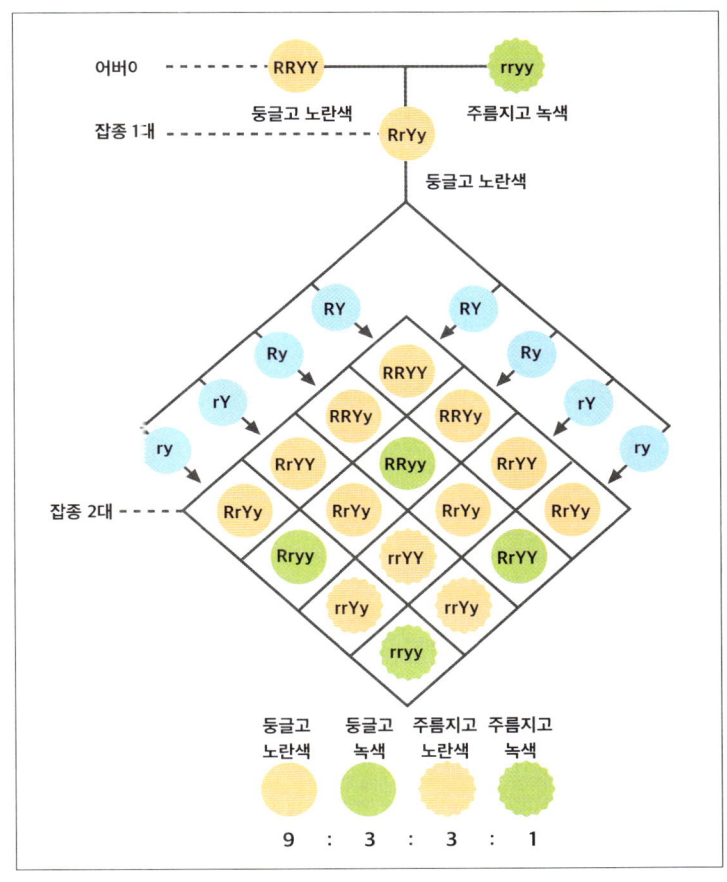

독립의 법칙

녹색의 주름진 완두콩 순종을 교배해서 얻은 노란색의 둥근 완두콩 잡종과 같은 노란색의 둥근 완두콩 잡종을 교배한 거야. 그랬더니 자손으로 노란색의 둥근 완두콩, 녹색의 둥근 완두콩, 노란색의 주름진 완두콩, 녹색의 주름진 완두콩의 비율이 9 : 3 : 3 : 1로 나왔어. 그런데 이것을 완두콩 모양과 색깔을 따로 떼어서 한 쌍의 대립 형질로만 계산해 보면, 둥근 완두콩은 9 + 3 = 12, 주름진 완두콩은 3 + 1 = 4이기 때문에 둥근 완두콩과 주름진 완두콩은 결국 3 : 1의 비율을 그대로 유지했어. 마찬가지로 노란 완두콩도 9 + 3 = 12, 녹색 완두콩도 3 + 1 = 4이기 때문에 노란 완두콩과 녹색 완두콩의 비율도 3 : 1을 유지했지.

이와 같이 두 가지 대립 형질이 동시에 유전될 때 각각의 대립 형질은 서로 영향을 주지 않고 독립적으로 유전되는 거야. 이것을 '독립의 법칙'이라 해.

세상을 떠난 뒤 재평가받은 멘델

멘델은 1865년에 연구 결과를 발표했지만 그의 유전 법칙은 아무런 주목을 받지 못한 채 조용히 묻혀 버렸지.

그러던 중 휘호 더프리스, 에리히 폰 체르마크, 칼 에리히 코렌스 등의 과학자들이 생물의 유전 현상을 연구하다가 유전에는 일정한 법칙이 있다는 것을 발견했어. 그런데 과거의 논문을 살펴보면서 이미 멘델이라는 사람이 유전 법칙을 먼저 발견했다는 것을 알게 되었지. 멘델이 세상을 떠난 지 16년이 지난 1900년에 일어난 일이야. 덕분에 멘델의 유전 법칙은 세상에 알려졌고, 오늘날까지 유전학의 아버지로 인정받게 되었단다.

염색체와 유전자의 발견

19세기 후반 멘델이 유전 법칙을 발견하고 다윈이 진화론을 발표하면서 생명의 신비는 조금씩 풀려 갔어. 하지만 어떤 물질 때문에 유전이 일어나고, 왜 생명체에서 변이가 일어나는지는 아무도 몰랐지.

당시에는 현미경이 발달해 세포 구조에 대해 이미 자세히 밝혀졌고 많은 연구가 진행 중이었어. 1870년대 말에는 정자와 난자의 핵이 합쳐지는 것까지 현미경으로 관찰할 수 있을 정도였지. 그리고 세포의 중요 성분인 지방과 탄수화물, 단백질에는 아무런 영향을 주지 않으면서 세포핵 일부분만 염색하는 염색법도 개발되었어. 과학자들은 세포핵에서 염색되는 부분을 염색질이라고 불렀지. 하지만 아무도 염색질이 어떤 역할을 하는지 알지 못했어.

염색체의 역할을 알아낸 바이스만

19세기 후반 활발히 진행된 세포 연구에서 돋보이는 성과를 낸 과학자는 독일의 아우구스트 바이스만이야. 1889년, 그는 세포를 생식 세포와 체세포로 나눠야 한다면서 이렇게 주장했어.

"체세포는 개체가 죽으면 함께 사라지지만 생식 세포는 다음 세대로 전달된다."

체세포는 우리 몸의 세포 중에서 생식 세포를 제외하고 생장과 재생을 담당하는 모든 세포를 말해. 그리고 바이스만은 체세포 속 염색체가 유전 정보를 운반한다는 사실도 알아냈어. 염색체는 세포핵의 염색질이 세포가 분열할 때 뭉쳐서 여러 개의 덩어리 모양을 이룬 걸 말해. 바이스만은 체세포가 분열할 때 염색체들이 두 배로 늘어난 다음 다시 둘로 나뉘어 세포 분열로 생긴 각각의 체세포로 들어간다는 사실도 알아냈어. 반면에 생식 세포의 분열에서는 염색체가 반으로 나뉘고, 생식 세포인 난자와 정자가 만나 하나로 합쳐져서 새로운 개체가 되었을 때 다시 염색체 수가 원래대로 회복된다는 사실도 알아냈지.

유전자를 발견한 토머스 모건

20세기 들어서면서 많은 과학자가 멘델의 유전 법칙이 왜 일어나는지 알아내기 위해 노력했어. 그중에는 미국 컬럼비아대학 교수인 토머스 모건도 있었지. 그는 실험 재료로 초파리를 선택했어. 초파리는 채집하기 쉽고 크기가 작아 기르기도 쉬웠거든. 또 태어나서 죽기까지인 1세대가 2주 정도로 짧고 많은 후손을 낳는 데다 염색체가 네 쌍밖에 안 되고, 염색체의 크기도 커서 보통 현미경으로도 관찰할 수 있었어.

원래 모건이 하려던 실험은 멘델의 유전 법칙과는 관련이 없었어. 초파리를 이용해 어두운 동굴 속에서 동물의 눈이 퇴화하는 현상을 밝히는 실험이었지. 주어진 환경에 적응하는 생물의 진화 모습을 직접 실험으로 보고 싶었던 거야. 모건과 동료들은 어두운 암실에서 2년 동안 69세대에 걸쳐 초파리를 길렀어. 하지만 초파리는 많은 세대에 걸쳐 빛이 없는 환경에 살았어도 눈이 퇴화하지 않았지. 결국 실험은 실패했어.

그런데 1910년 5월에 기르고 있던 초파리들 사이에서 돌연변이를 발견했어. 원래 기르던 초파리는 붉은색 눈을 가졌는데, 흰색 눈을 가진 초파리를 발견한 거지. 모건은 이 돌연변이 초파리를 정상 초파리와 교배시켰는데, 여기서 나온 초파리들은 모두 정상인 붉은 눈을 가지고 있었어. 다시 잡종 초파리끼리 교배를 시켰더니 이번에는 흰색 눈을 가진 초파리가 세 마리 중 한 마리꼴로 나왔어. 멘델의 유전 법칙 중 우열의 법칙에 정확하게 들어맞는 비율이었어.

토머스 모건

그 후, 모건은 연구원들과 함께 초파리 돌연변이 연구를 계속했어. 그러면서 흰색 눈뿐만 아니라 노란 날개, 굽은 등, 검은색 몸과 같은 다양한 돌연변이를 발견했지.

모건은 초파리 돌연변이의 염색체를 연구해 다음과 같은 사실을 알아냈어.

"어미에서 새끼로 이어지는 여러 가지 형질을 지배하는 무엇인가가 염색체 위에 일정하게 자리 잡고 있다."

그 무엇인가가 바로 유전자야. 유전자는 목걸이의 구슬처럼 염색체 위에 끼워져 있지. 모건은 유전자 하나하나가 염색체 위의 정해진 위치에 질서정연하게 자리 잡고 있다는 사실을 알아냈고 수백 개에 달하는 유전자의 위치를 밝혀냈어.

예를 들어 붉은 눈의 형질을 지배하는 유전자는 염색체 맨 위에 있고, 반점을 가진 날개의 형질을 지배하는 유전자는 염색체 가장 밑에 있다는 사실을 알아낸 거야. 이렇게 해서 모건은 유전자 지도를 만들었고, 이 업적을 인정받아 1933년에 노벨 생리의학상을 받았어.

DNA의 발견

DNA란 무엇일까? 어떤 물질로 이루어졌을까? 지금이야 인터넷을 검색하면 금방 알 수 있지만, 19세기 후반은 유전학 연구가 처음 시작되던 때야.

1868년, 요하네스 프리드리히 미셔라는 스위스의 생리학자가 유전과 관련한 중요한 물질을 발견했어.

미셔는 환자의 붕대에 묻은 고름에서 백혈구 세포를 찾아내고 거기에서 단백질을 빼내고 있었어. 이미 단백질이 생물체를 구성하는 기본 물질이라는 사실은 알려져 있었지. 그런데 백혈구 세포의 핵에서 인 성분을 포함하는 물질을 발견했어. 그는 이 물질을 '핵산'이라고 이름 붙였어. 당시 과학자들은 핵산에 관심을 보이지 않았어. 아무도 이 핵산이 생명체 안에서 어떤 역할을 하는지 몰랐기 때문이야. 핵산은 유전이나 단백질 합성을 지배하는 중요한 물질이야. 살아 있는 생물에게는 꼭 필요하지. 핵산은 DNA와 RNA 두 종류로 나눌 수 있어.

그 후 미국의 세균학자 오즈월드 에이버리는 실험을 통해 드디어 DNA가 유전 물질이라는 것을 밝혀냈지. 오스트리아의 생화학자인 어윈 샤가프는 DNA가 어떻게 유전 정보를 담고 있는지 연구를 거듭한 끝에, DNA가 네 가지 염기인 아데닌(A)과 구아닌(G), 시토신(C)과 티민(T)으로 이루어진 상당히 복잡한 구조를 가진 분자라는 것을 알아냈어.

DNA의 구조를 밝혀낸 왓슨과 크릭

1953년에 미국의 생물학자 제임스 왓슨과 영국의 생물학자 프랜시스 크릭은 함께 DNA 구조를 알아냈어. DNA의 분자 구조는 아데닌과 티민, 구아닌, 시토신 네 가지 염기가 '이중나선 구조'로 배열되어 있었어. 이중나선 구조란 두 가닥의 줄이 소라 껍데기처럼 돌아가면서 꼬여 있는 모양이야. 이 연구로 왓슨과 크릭은 1962년에 노

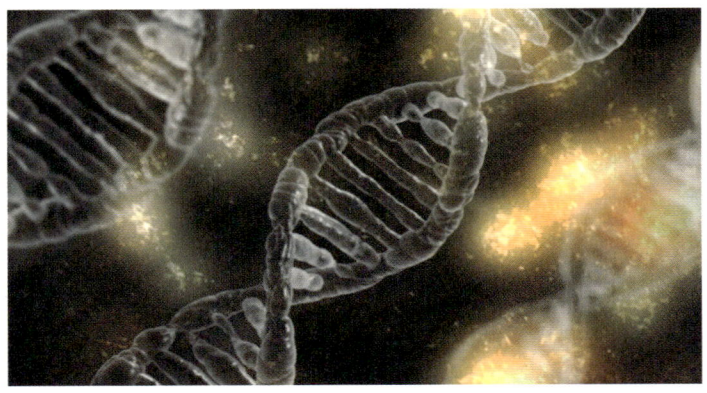

DNA

벨 생리의학상을 수상했단다.

  DNA는 생명체의 몸을 만들기 위한 설계도이고 생명체가 살아가는 데 필요한 모든 정보를 가진 물질이야. 생명체의 세포핵 안에 들어 있지. 핵 안의 염색체 하나를 꺼내 얽힌 실을 풀어내듯 풀어 보면, 염색체가 실같이 생긴 물질로 만들어졌다는 사실을 알 수 있어. 이것이 바로 DNA이야. 사람의 경우 세포핵 안의 DNA를 모두 연결하면 그 전체 길이가 약 2m나 돼. 2m나 되는 DNA가 엄청나게 작은 핵 안에 들어 있다는 게 너무나 놀랍지? DNA가 무척이나 가늘기 때문에 가능한 일이지.

DNA의 모양과 기능

　　　　DNA는 이중나선, 즉 꼬여 있는 사다리 모양이야. 이 사다리의 난간은 '디옥시리보스'라는 당과 인산으로 구성되어 있고, 사다리의 계단은 염기로 구성되어 있어. 계단 하나하나는 두 개의 염기가 결합한 염기쌍으로 이루어져 있어.

　DNA의 염기 결합이 끊어져 사다리가 세로 방향으로 쪼개질 수 있어. 그러면 DNA가 두 가닥으로 나뉘는데, 마치 닫혀 있던 지퍼가 열리는 모양이지. 이렇게 나뉜 나선형 사다리의 한 가닥에 붙어 있는 네 가지의 염기가 어떤 순서로 배열되느냐가 바로 유전 정보야.

인간의 게놈 분석이란 무엇일까?

게놈(genome)은 유전자와 염색체를 합쳐 만든 말이야. 하나의 세포에 들어 있는 DNA의 염기 배열 전체를 뜻하지. 인간의 게놈은 약 30억 개의 염기쌍으로 이루어져 있어. 참고로 생쥐의 염기쌍은 33억 개이고, 메뚜기의 염기쌍은 50억 개야. 식물의 경우는 이보다 훨씬 많아서 꽃을 피우는 식물은 염기쌍이 1,000억 개가 넘는 경우가 많아.

인간 게놈 약 30억 개에 담긴 정보는 어느 정도일까? 염기쌍을 1개의 문자라고 한다면, A4용지 1장을 1,000개의 문자가 채운다고 가정했을 때 A4용지가 300m나 쌓이는 어마어마한 양이야. 이렇게 많은 정보를 다 알아내는 일은 엄청난 시간과 노력이 들어가는 매우 어려운 일이지. 하지만 1990년부터 시작되어 13년간 진행된 '인간 게놈 프로젝트' 덕분에 과학자들은 2003년에 인간 게놈 정보를 모두 알아냈어.

인간의 게놈 모두가 유전 정보를 갖는 것은 아니야. DNA 염기 배열 전체에서 유전 정보가 위치한 부위가 따로 있는데, 이 부위를 '유전자'라고 해. 30억 개의 문자 배열 여기저기에는 수천~수만 개의 염기쌍으로 이루어진 유전자들이 흩어져 있지. 인간 게놈에 있는 유전자 수는 약 20,000~25,000개인데, 전체 염기 배열 중에서 실제 유전자가 차지하는 비율은 약 2%에 불과해. 유전자가 없는 나머지 98% DNA의 역할에 대해서도 과학자들이 연구를 계속하고 있어. 현재까지 밝혀진 연구 결과에 의하면 인간 게놈의 약 80%나 되는 영역이 유전자 정보를 읽어 내는 일과 관련 있다고 해.

　인간의 게놈은 거의 같지만 개인마다 0.1~0.4% 정도의 차이가 있어. 이렇게 작은 차이 때문에 각기 다른 얼굴과 다른 체격, 성격을 갖는 거야. 과학자들은 어느 유전자가 어떤 신체 특징과 관련 있는지 밝혀내려고 하는 중이지.

　유전자 분석을 하면 질병이 발생할 가능성을 미리 예측할 수 있고, 개인별로 일어날 수 있는 약의 부작용도 미리 파악할 수 있거든. 앞으로 유전자 분석 기술이 발달하면 가까운 미래에는 혈액 한 방울만으로도 체격과 얼굴 생김새, 머리카락 굵기 등을 알아낼 수 있어.

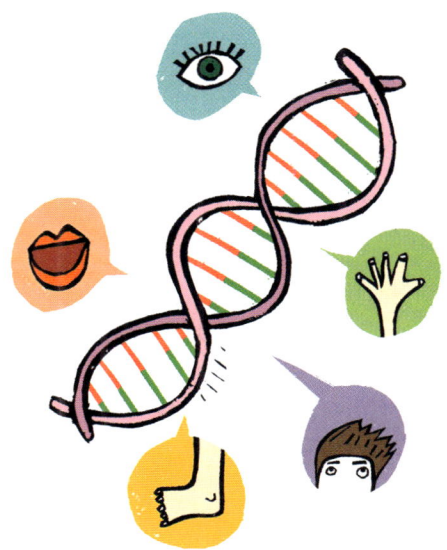

6장

과학은 생명을 어떻게 이용할까?
– 생명 공학의 미래

생명 현상을 다루는 기술, 생명 공학

20세기 중반에 들어서면서 인류는 DNA 구조와 기능 등 중요한 생명 현상의 원리를 어느 정도 알아냈어. 그러면서 과학자들은 생명 현상을 이용한 새로운 기술을 개발하기 시작했지. 이것을 생명 공학이라고 해. 이제 인간은 생명 현상을 직접 다룰 수 있게 된 거야.

사전을 찾아보면, 생명 공학은 '생명체를 직접 다루거나 생명 기능을 다루어 인간에게 이롭게 하는 기술'이라고 정의하고 있어. 그렇다면 우리 인류는 아주 먼 옛날부터 생명 공학 기술을 개발해 왔다고 할 수 있지. 넓게 보면 작물이 자라기 좋은 환경으로 밭을 만들어 씨앗을 뿌리는 것도 생명 공학 기술이야. 인류는 아주 오래전 신석기 시대부터 농사를 짓고 가축을 길러 왔어.

생명 공학 기술의 역사

아주 먼 옛날, 인류는 농사를 짓기 시작하면서 수확량이 많은 농작물의 종자가 따로 있다는 걸 알게 되었어. 이 종자를 잘 저장했다가 이듬해 다시 심어 재배하면 점점 더 우수한 농작물을 만들어 낼 수 있었지. 가축도 마찬가지였어. 고기를 많이 생산하고 튼튼하게 자라는 가축만을 골라 후손을 길렀고, 종류가 서로 다른 것을 교배해 부모보다 더 뛰어난 자손을 만들기도 했지. 생명 공학은 이때부터 시작되었다고 할 수 있어. 하지만 과거에는 부모가 가진 특성이 자식에게 전해지는 유전 현상이 왜 일어나는지는 전혀 알지 못했지.

사람들은 아주 오래전부터 우유로 요구르트와 치즈를 만들고 포도나 맥아로 포도주나 맥주를 만들었어. 효모를 이용해 빵을 만들고 콩을 발효시켜 된장이나 간장을 만들어 먹었지. 이 과정에 들어간 기술도 생명 공학이야. 우유나 포도, 콩 등으로 새로운 식품을 만드는 데는 미생물 발효 과정을 거치거든. 하지만 그때는 미생물의 존재를 아무도 몰랐지.

유전 공학의 시작

오늘날 생명 공학에서 가장 주목받는 기술은 유전자를 다루는 유전 공학이야. 왓슨과 크릭, 두 사람이 DNA의 구조가 나선형으로 되어 있다는 것을 밝혀낸 뒤로 연구가 활발해졌어. DNA의 구조를 알면 인공적으로 만든 유전자나 다른 세포에 있는 유전자를 끼워 넣거

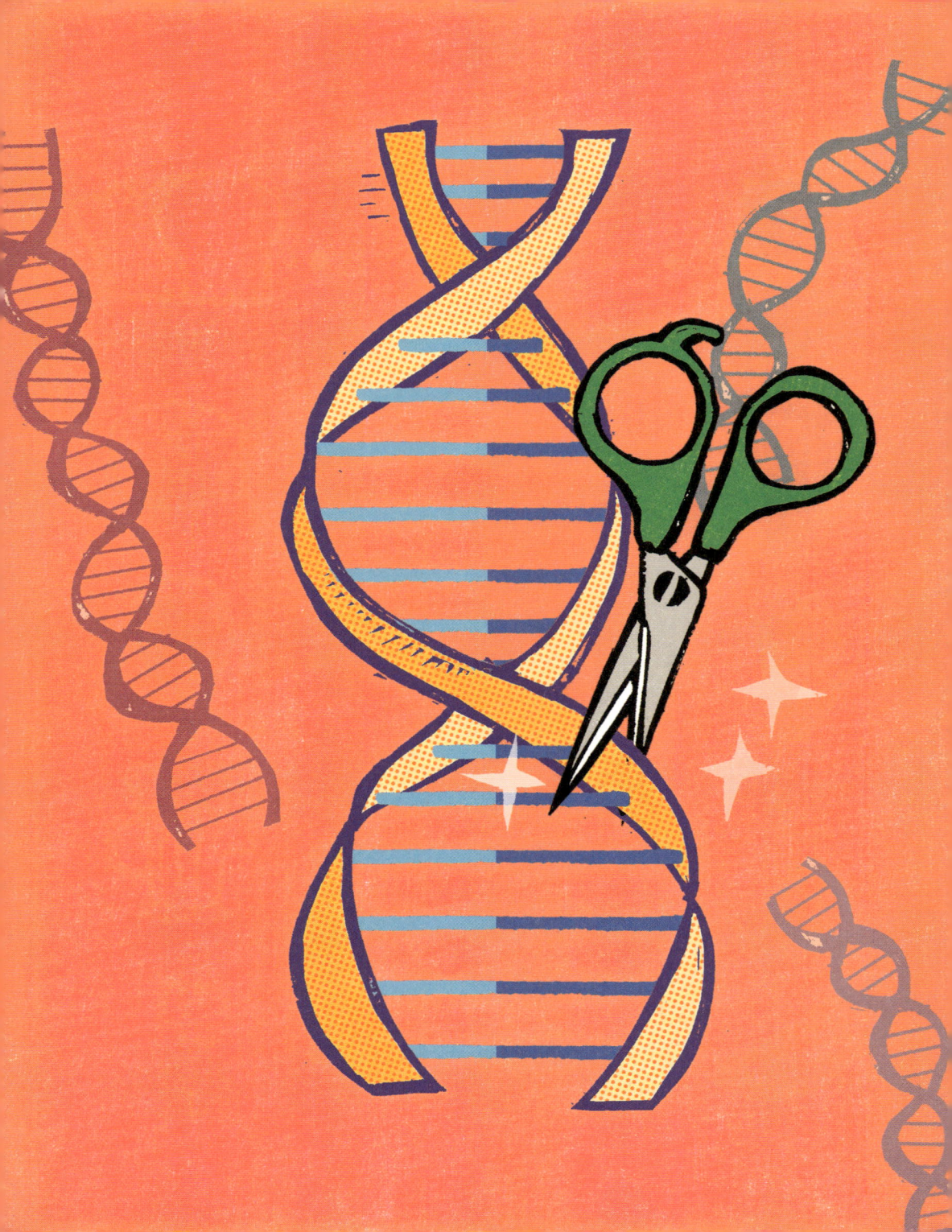

나 뺄 수 있거든. 이것을 유전자 재조합 기술이라고 해.

특수한 효소를 이용하면 DNA에서 특정한 부분만 잘라 낼 수 있어. 마치 가위로 잘라 내듯 말이야. 그뿐 아니라 과학자들은 조각난 DNA를 풀처럼 이어 붙일 수 있는 효소까지 찾아냈어. 이 효소를 이용하면 조각난 DNA를 서로 붙여 하나의 긴 사슬을 만들 수 있지. 예를 들어 질병이 생길 수 있는 DNA를 가지고 있다면 미리 잘라 내서 병을 예방할 수 있는 거지.

유전자 변형 농작물

유전자 재조합 기술은 제일 먼저 농업에 큰 변화를 일으켰어. 밀, 옥수수 같은 농산물의 DNA에 새로운 유전자를 집어넣어 특별한 능력이 있는 농작물을 만들었거든. 이것을 '유전자 변형 농작물(GMO)'이라고 해. 유전자 변형 농작물로는 해충에 강한 유전자를 끼워 넣은 옥수수, 비타민A가 더 많이 들어 있는 토마토, 그리고 무르지 않아 더 오래 저장할 수 있는 토마토 등이 있어.

또 제초제에 강한 유전자를 가진 콩도 개발되었어. 콩밭 여기저기 자라난 잡초를 뽑기 위해 농부들이 무척 힘들게 일하잖아? 그래서 좀 더 편리하게 농사를 짓기 위해 개발한 거지. 콩밭에 제초제를 뿌리면 이 콩만 살아남고 다른 잡초들은 모두 죽어 버리거든.

가뭄에 강한 유전자를 끼워 넣은 벼도 있어. 이 벼는 메마른 땅에서도 잘 자라. 추운 곳, 소금기 많은 땅에서도 잘 자라는 밀과 옥수수, 벼

등의 농작물도 이미 개발되었지.

    유전자 변형 농작물을 잘 이용하면 앞으로 인류는 식량 걱정이 없어질지도 몰라. 지금보다 두 배나 잘 자라는 벼라든가, 축구공만 하게 자라는 토마토를 만들어 낼 수 있다면 굶주림 걱정은 안 해도 될 테니까. 그런데 유전자 변형 농작물이 인체에 안전한지 아닌지는 아직 확실하게 밝혀지지 않았어. 우리가 유전자 변형 농작물을 먹기 시작한 것은 그리 오래되지 않았고, 유전자 변형 농작물이 인체에 끼치는 영향은 적어도 수십 년이 지나야 확실히 알 수 있으므로 아직 안전하다고 확신할 수는 없지. 자연이 만든 것이 아니라 인공적으로 만들었기 때문에 인체에 해로울 수도 있거든. 그래서 아직은 더 많은 연구가 필요해.

GMO 반대 시위

우리나라를 포함한 여러 나라에서 모든 유전자 변형 농작물이나 유전자 변형 농작물로 만든 식품의 포장지에 별도의 표시를 하도록 법으로 정한 이유도 그 때문이야. 식품 포장지에 GMO라고 적힌 게 바로 유전자 변형 표시지.

또 유전자 변형 농작물은 지구 환경에도 영향을 줄 수 있어. 유전자 변형 농작물은 새로운 종류의 식물이므로 기존 생태계를 파괴할 가능성이 있기 때문이야. 이미 해충에 강한 유전자 재조합 옥수수가 우리에게 이로운 벌레들까지 모조리 죽인다는 사실이 밝혀졌거든. 게다가 제초제에 강한 유전자 변형 농작물이 잡초들과 교배하면 제초제로 제거할 수 없는 무시무시한 잡초들이 새로 생겨날 위험성도 있어.

줄기세포와
동물 복제

인간의 몸은 약 100조 개의 세포로 이루어졌어. 각각의 세포는 피부 세포, 심장 세포, 간 세포, 근육 세포 등 몸을 구성하는 조직이나 기관에 따라 크기와 생김새, 역할이 다 달라. 그런데 이 모든 세포는 엄마의 난자와 아빠의 정자가 합쳐진 수정란이라는 단 하나의 세포가 분열을 거듭하면서 만들어진 거야.

 수정란이 처음 분열을 시작해 어느 정도 세포들이 불어났을 때, 아직 각 세포의 역할은 정해지지 않아서 어떤 종류의 세포로도 변신할 수 있지. 이런 세포를 '줄기세포'라고 해.

 생명 공학이 발달하면서 과학자들은 줄기세포에 큰 관심을 가졌어. 줄기세포를 이용하면 인간의 병을 손쉽게 치료할 수 있기 때문이야.

 의사들은 이제까지 환자의 병든 조직이나 기관을 치료하기 위해 약물을 투여하거나 수술을 했어. 그리고 현대 의학으로 치료하기 힘든 질병에 걸리거나 심하게 다치면 더 병이 나빠지지 않도록 하는 데 급급했지. 하지만 줄기세포를 이용하면 치료 불가능할 정도로 손상된 조직이나 장기를 다시 회복시킬 수 있어. 앞으로 기술이 더 발달해 줄기세포로 새로운 조직이나 장기를 손쉽게 만들 수 있다면 사람 몸의 조직과 장기를 자동차 부품을 갈아 끼우듯 새것으로 바꾸어 치료할 수도 있겠지.

하지만 이러한 치료 방법이 개발되려면 아직 갈 길이 멀어. 사람의 수정란에서 줄기세포를 얻는 것은 비윤리적인 일이야. 수정란은 생명의 시작이거든. 그래서 과학자들은 체세포를 줄기세포로 만드는 기술을 연구하고 있고, 어느 정도 개발되어 병원에서도 사용 중이야. 예를 들면 눈의 각막이 손상되어 시력을 잃은 환자의 눈에 건강한 사람의 눈에서 찾아낸 줄기세포를 넣어 치료하는 거야.

그런데 어떻게 사람 눈에서 줄기세포를 찾아냈을까? 수정란에 있던 줄기세포는 우리 몸이 자라면서 대부분 체세포로 변하지만, 일부는 줄기세포의 능력을 잃지 않은 채 우리 몸에 남아 있어. 이런 줄기세포를 '성체 줄기세포'라고 불러. 그런데 성체 줄기세포는 이미 자기 조직이 정해졌기 때문에 자신이 속한 조직만을 만들 수 있어.

우리 몸의 손상된 부분을 회복시킬 수 있는 줄기세포는 그 쓰임새가 무궁무진해. 대머리를 치료하는 방법으로도 쓰일 정도지. 대머리 환자 머리에서 머리카락을 만드는 모낭 줄기세포를 빼내어 시험관에서 배양하면 그 수를 많이 늘릴 수 있어. 이렇게 늘린 모낭 줄기세포를 환자

머리에 옮겨 머리카락의 수를 늘리는 거야.

또 줄기세포는 새로 만든 약을 시험할 때도 유용해. 새로운 약이 개발되면 사람에게 사용해도 문제없다는 확인 과정이 필요해. 보통은 동물로 실험하지. 그런데 기간이 오래 걸릴 뿐 아니라 비용도 많이 들어. 게다가 약이 동물에게는 안전해도, 사람에게는 그렇지 않은 경우가 생길 수 있어.

그런데 줄기세포를 이용하면 동물 실험을 하지 않고도 효과적인 실험을 할 수 있어. 사람 몸에 들어온 화학 물질을 깨끗하게 정화하는 기관이 간이라는 걸 알고 있지? 줄기세포로 간 세포를 많이 만들어 사람의 간을 대신하는 거야. 줄기세포로 만든 간 세포에 새로 개발된 약을 넣은 다음, 간 세포들이 약에 어떻게 반응하는지 관찰하면 돼. 간 세포가 그 약을 제대로 없앤다면 그 약은 사람 몸에 안전하다고 할 수 있어.

이와 같이 줄기세포는 다양한 곳에서 우리에게 큰 도움을 줄 수 있어. 아직 대부분이 연구 중이지만 기술이 계속 발전하면 앞으로 그 쓰임새는 더욱 많아질 거야.

동물 복제

1996년 영국에서 복제 양 돌리가 태어나 세상을 깜짝 놀라게 했어. 세계 최초로 동물을 복제하는 데 성공한 거야. 원래 동물이 태어나기 위해서는 수컷의 정자와 암컷의 난자가 만나서 수정을 해야 해. 그리고 수정란이 암컷의 몸속에서 자란 후 새끼로 태어나야 하지.

그런데 복제 양 돌리는 다른 방법으로 태어났어. 먼저 암컷 양의 난자에서 핵을 없앤 다음, 그 속에 복제하려는 양의 몸에서 얻은 체세포 핵을 넣었어. 돌리의 경우는 젖샘 세포를 이용했지. 체세포 핵이 들어간 난자는 전기 자극을 받고 세포 분열을 시작했어. 이것을 다른 암컷 양의 자궁에 넣어 임신시켰지. 이렇게 해서 태어난 새끼 양이 바로 복제 양 돌리야. 돌리와 체세포 핵을 제공해 준 양의 DNA는 똑같았기 때문에 둘은 일란성 쌍둥이처럼 모습이 똑같았지.

돌리를 시작으로 다른 동물의 복제 연구도 활발하게 진행되었어. 1997년에는 쥐가 복제되었고, 1998년에는 소가 복제되었으며, 1999년에는 염소가 복제되었고, 돼지와 고양이는 2000년과 2002년에 복제되었지. 그리고 2005년에는 우리나라에서 복제 개가 태어났단다.

인간의 복제 실험

여러 종류의 복제 동물이 탄생하면서 사람들은 이제 복제 인간이 태어날 날도 멀지 않았다고 생각하게 되었어. 그런데 사람들이 복제 인간을 오해하는 경우가 가끔 있어.

공상 과학 영화에서는 몰래 만들어진 주인공의 복제 인간이 주인공의 삶을 대신하는 바람에 혼란에 빠지는 장면이 종종 등장해. 혹시 복제 인간이 생기면 이런 일이 벌어지는 건 아닌가 걱정하는 거야. 하지만 그렇지 않아. 그렇게 되려면 주인공의 나이와 기억까지 복제했을 때 가능한데, 상상 속에서나 일어날 수 있는 일이거든. 현실 속의 복제

인간은 주인공과 DNA만 똑같을 뿐이야. 결국 복제 인간은 주인공과 일란성 쌍둥이라고 할 수 있어. 게다가 나이를 복제할 수 없기 때문에 주인공과 나이 차가 많을 거야.

사실, 현실 속에서 복제 인간이 태어날 가능성이 크지 않아. 인간 복제 실험을 하기 위해서는 수많은 난자가 필요한데, 사람의 난자는 구하기 어렵고 인간 복제는 인간 존엄성을 해친다는 이유로 많은 사람이 반대하고, 법으로도 금지하고 있거든. 그러니까 기술이 아무리 발달해도 앞으로 복제 인간이 탄생할 걱정은 하지 않아도 돼.

미래에 만나는
새로운 생명

2010년 미국의 분자생물학자 크레이그 벤터는 놀라운 일을 해냈어. 바로 인공 생명을 만들어 낸 거야. 그는 인공적으로 합성된 DNA를 유전 정보로 갖는 인공 세균 개발에 성공했어.

 우선 세균 A의 DNA 서열을 모두 알아낸 다음, 컴퓨터를 이용해 세균 A의 새로운 게놈을 설계하는 거야. 그리고 그 DNA를 처음부터 끝까지 인공적으로 만드는 거지. 이렇게 만든 세균 A의 인공 DNA를 모든 DNA가 제거된 세균 B 속에 넣어. 그러면 그 세균 B는 분열해 증식할 때 인공 DNA의 영향을 받아 세균 A로 변하게 돼.

 벤터가 만든 인공 생명은 DNA를 제외한 다른 것은 원래 세균에서 빌렸기 때문에 완벽한 인공 생명이라고 말하기에는 좀 부족해. 그래도 생명의 핵심이라고 할 수 있는 DNA를 인간이 만들었다는 점에서 큰

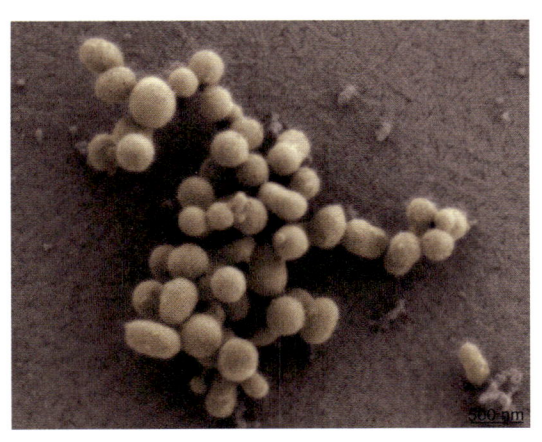

크레이그 벤터가 만든 최초의 인공 생명체

의의가 있지.

이처럼 과학자들은 인공 생명을 만들기 위한 연구를 계속하고 있어. 이와 함께 무생물 상태의 생물 부품을 조합해 생물을 만들려는 연구도 진행 중이지. 2011년 일본에서는 DNA와 DNA를 복제하는 효소를 가지고 아주 단순한 형태의 인공 세포를 만드는 데 성공했어. 인공 세포가 생물의 세포와 완전히 같다고 할 수는 없지만, 인공 세포의 DNA를 복제해 분열시킬 수는 있어.

컴퓨터 속에 살아 있는 생명

과학자들은 세포 안에서 일어나는 수많은 현상과 세포 관련 실험 결과를 컴퓨터 데이터로 만들고 이 데이터를 적절히 이용해 진짜 세포처럼 반응하는 프로그램을 개발했어. 이것을 '가상 세포'라고 하지. 과학자들이 가상 세포를 개발한 이유는 새로 개발된 약의 실험을 손쉽게 하기 위해서야. 컴퓨터 속 가상 세포를 대상으로 실험을 하면 실제 세포로 실험했을 때와 비슷한 결과를 얻을 수 있기 때문에 시간과 노력을 많이 줄일 수 있거든.

수많은 연구실에서 세포와 관련된 실험 결과가 계속 쏟아지고 있어. 이 실험 결과를 계속해서 데이터에 더하면 가상 세포는 실제 세포와 점점 더 많이 닮게 돼. 따라서 앞으로는 임상 시험에서 가상 세포의 역할이 점점 더 커질 거야. 또 가상 세포로 근육이나 신경 등과 같은 가상 조직을 만들기 위한 연구도 진행 중이지. 미래에는 아마 컴퓨터 속에만 존재하는 새로운 생명체를 만들 수 있을 거야.

다른 한편으로는 컴퓨터 속에서 설계한 생명체가 현실에 등장할 수 있어. 이미 과학자들은 연구를 진행해 어느 정도 성과를 거두었지. 2020년 1월 미국 버몬트대학과 터프츠대학 연구진은 개구리 줄기세포를 이용해 아주 작은 생체 로봇을 만들었어.

연구진은 컴퓨터 프로그래밍 작업으로 심장과 피부 등을 3D 영상으로 설계한 후에 개구리 줄기세포를 증식시켜 크기 1mm 이하의 생체 로봇을 만든 거야. 생체 로봇의 심장은 몸을 움직이게 하는 소형 엔진 역할을 하는데, 물속에서 직선으로 기어 다니거나 원 모양을 그리며 회전할 수 있어. 또 생체 로봇은 체세포 안에 저장된 영양분을 이용해 에너지를 만드는데, 일주일에서 10일 정도 살 수 있다고 해.

로봇도 생명체가 될 수 있을까?

생명 과학의 발전과 함께 로봇 공학의 발전으로 미래에는 우리가 상상하지 못할 정도로 뛰어난 로봇이 탄생할 거야. 특히 인공 지능의 급격한 발달로 가까운 미래에 겉모양으로는 인간과 구별할 수 없는 로봇이 탄생할 수도 있어. 미래의 로봇은 스스로 자기를 닮은 로봇을 만들고, 생명이 진화하듯 자신의 능력이나 모습을 바꾸어 갈지도 몰라.

그렇다면 우리는 미래의 로봇을 어떻게 봐야 할까? 미래에는 로봇을 생명체의 하나로 받아들일 가능성도 얼마든지 있어.

미래에는 기계 장치와 생명체가 결합한 사이보그도 많이 등장할 거야. 지금도 우리는 사고나 노화로 몸이 다치거나 병들었을 때 그 부위를 기계 장치로 바꾸는 치료를 받고 있어. 인공 심장이나 인공 팔 이야기를 들어 본 적이 있지? 기술이 발달한 미래에는 인간의 정신을 제외한 신체 모든 부위를 기계 장치로 대체할 수도 있을 거야.

결국 첨단 기술의 발전은 로봇이 인간을 닮아 가게 하고, 인간의 몸이 점점 로봇으로 변해 가게 해. 그러면 언젠가는 인간과 로봇의 경계가 애매해질 수도 있겠지. 즉, 생명과 기계의 경계가 허물어질 수도 있다는 말이야.

작가의 말

공상 과학 영화 〈마션〉을 본 적 있니? 화성을 탐사하는 우주인이 사고로 화성에 홀로 남아, 몇 년 동안 혼자 생활하다가 극적으로 화성을 탈출해 지구로 돌아오는 내용이야. 화성은 태양계에서 지구와 가장 비슷한 행성이라고 하는데도 영화 속 화성은 지구와 너무나 다른 느낌이었어. 메마른 땅에 살짝 분홍빛이 감도는 하늘이 보이고, 대기가 아주 희박할 뿐만 아니라 산소도 없어 숨조차 쉴 수 없는 환경이었지. 이렇게 지구와 화성이 다른 이유는 지구에는 물과 생명이 있기 때문이라고 생각해.

생명은 지금의 지구 모습을 만드는 데 중요한 역할을 했어. 아주 먼 옛날부터 많은 생물이 산소를 만들었고 에너지의 많은 부분을 만들어 냈어. 우리의 가장 중요한 에너지원인 석유와 석탄도 아주 먼 옛날에

죽은 생명체의 흔적이지.

그뿐 아니야. 우리에게 없어서는 안 되는 재료인 종이, 나무, 플라스틱, 각종 섬유도 모두 생명체에서 나왔어. 플라스틱이 어떻게 생명체에서 나온 물질이냐고? 플라스틱의 원료가 석유이고, 석유는 생명체에서 나온 물질이잖아. 그러니 결국 플라스틱도 생명체에서 비롯된 것이지. 게다가 각종 의약품 중 많은 종류도 생명체에서 탄생했어. 최초의 항생제인 페니실린을 푸른곰팡이가 만들어 냈다는 거 알고 있지?

그렇다면 지구에 언제 처음 생명이 나타났을까? 이 질문의 답은 아무도 정확히 알 수 없지만, 지금까지 발견된 가장 오래된 화석이 35억 년 전의 생명체이기 때문에 이즈음이 아닐까 추측하고 있어. 지구가 생기고 약 10억 년이 지났을 즈음이지. 현재 생명체의 종류는 1,000만~5,000만 종이 될 거라고 해. 여기에 미생물의 종류까지 더하면 그 종류는 상상하기도 힘들지. 이렇게 많은 생물이 지구상에서 번성할 수 있는 것은 생물의 진화 때문이야.

진화 덕분에 우리는 다양한 생명체들을 만날 수 있어. 아주 오랫동안 들판의 생물을 자세히 관찰해 보면, 같은 이름을 가진 생물이 모양이나 성질이 서로 다른 종류로 변하기도 하고, 전에는 없던 새로운 생물 종류가 생겨나기도 해. 그리고 아직 이름을 갖지 못한 생물도 많지.

생물학을 공부하면서 신비함에 감탄한 적이 많아. 우리 몸에 사는 세균이 우리 몸의 세포 수보다 많다는 말을 들었을 때도 크게 놀랐지. 우리 몸속 장에만 세포 수만큼의 세균이 살고 있고, 이 세균들이 없으면 우리가 건강을 잃을 수도 있어. 우리 몸은 다양한 세균이 생태계를 이루며 사는 작은 세계야. 세균 중에는 우리 몸에 유익한 것들과 그렇지 않은 것들이 있는데 이 균형이 깨졌을 때 우리 몸에 탈이 나는 거지.

또 유전을 공부하면서도 혀를 내두른 적이 한두 번이 아니야. 생명체는 세포핵에 저장된 DNA의 정보를 수시로 읽어 내어 생명체에서 일어나는 모든 생명 현상을 조절한다는 거야. 마치 컴퓨터가 하드 디스크에 저장된 정보를 수시로 읽어 내며 일을 수행하는 것처럼 말이야. 정말 신기하지?

이 책을 쓰는 내내 이 질문이 머리에서 떠나지 않았어.

'도대체 생명이란 무엇일까?'

생명체를 이루는 원소는 대략 여섯 가지야. 산소, 탄소, 수소, 질소, 칼륨, 인. 이렇게 평범한 여섯 가지 원소가 결합한 분자들이 모여 정교한 설계도에 따라 정확히 배열되고 결합해야만 생명이라는 특이한 현상이 일어날 수 있지. 생명의 세계는 무척이나 정교하고 신비해.

그리고 우리는 아직 생명에 대해 모르는 게 너무 많아. 과학이 아무리 발달했다 해도 말이야.

이 책을 읽고 여러분도 한 번쯤 생명이란 무엇인지 진지하게 생각해 봤으면 좋겠어. 매력적인 생명의 신비에 푹 빠져 생명 과학자가 되는 첫발을 내딛게 된다면 더 좋겠고!

윤상석

사이언스 틴스 07

궁금했어,
생명과학

초판 1쇄 발행 2021년 3월 30일
초판 2쇄 발행 2021년 8월 4일

글 | 윤상석
그림 | 김민정
펴낸이 | 한순 이희섭
펴낸곳 | (주)도서출판 나무생각
편집 | 양미애 백모란
디자인 | 박민선
마케팅 | 이재석
출판등록 | 1999년 8월 19일 제1999-000112호
주소 | 서울특별시 마포구 월드컵로 70-4(서교동) 1F
전화 | 02)334-3339, 3308, 3361
팩스 | 02)334-3318
이메일 | tree3339@hanmail.net
홈페이지 | www.namubook.co.kr
블로그 | blog.naver.com/tree3339

ISBN 979-11-6218-147-8 73470

값은 뒤표지에 있습니다.
잘못된 책은 바꿔 드립니다.